すぐに使える問題付き！

未来を切り拓く 古典教材

和本・くずし字でこんな授業ができる

同志社大学古典教材開発研究センター
山田和人・加藤直志・加藤弓枝・三宅宏幸［編］

文学通信

目次

第Ⅱ部 教材編

全文インターネット公開中

本書はオープンアクセスです。
以下のサイトより全文を公開しています。
「第II部　教材編」の問題はPDFでダウンロードして
プリントしてご自由に授業でお使いください。

▼ 同志社大学古典教材開発研究センター
https://kotekiri20.wixsite.com/cdemcjl

▼ 文学通信『未来を切り拓く古典教材』特設サイト
https://bungaku-report.com/kotekiri.html

はじめに――これからの古典教育のために

山田和人（同志社大学）

古典を学ぶ楽しさをどう伝えていけばいいのか。

本書は古典教育への新しい切り口として、和本やくずし字を用いた古典教材のあり方を提案するものです。古典が好きではないという学習者ももちろんいると思います。ですがその「古典」は、既存の常識に縛られたものかもしれません。そうした常識から離れて、古典の豊かな世界に立ち戻り、その面白さを楽しんでみるという、ゆるやかで、ゆとりのある学びの構えがあってもいいように思います。

古典嫌いを減らすよりも、古典好きを増やすにはどうすればいいのか。その解を求めて、古典を他人事ではなく現代と結びついた共鳴板のように捉え、対話することで少しでも古典に共感できるような方法を提示しています。そんな悠長なことはいってられないという意見もあるでしょう。それは今までそうしたゆとりのある、かつ、短時間で取り組むことができる古典教材がなかったからかもしれません。授業で使って試してみることができる短い使い勝手のよい教材があれば、授業の流れの中で適宜使ってみることができるかもしれません。少し時間がとれそうなときに、本書におさめられた教材・実践例を試してみることもできるのではないか。本書はそんな思いで作りました。

実際に、和本やくずし字、あるいは和本とくずし字を組み合わせて授業をしてみると、子どもたちは自分から進んで問題に取り組み、いろいろ調べて意見交換を始めます。自ずと調べ学習の場が形成されていくのです。くずし字学習はクイズを解く感覚が一番近いかもしれません。仲間で集まって、意見を出しあいながらくずし字を解読していく、そのこと自体が楽しいことです。さらにそこに書かれていることが読解できると、なおいっそう興味がわいてきます。少し大げさかもしれませんが、古典に内在する多様な価値観との出会いには、痺れるような快感があります。まさに学びの醍醐味を味わえます。

なぜそうなるのか。おそらく、その教材が面白いからでしょう。自分たちが知っている教科書の古典とは違う、もっと拡がりのある古典の世界と出会えるからでしょう。わたしたちは、そうした出会いの瞬間に数多く立ち会ってきました。未知のものとの出会いによる驚きと感動が、現代のわれわれ読者を古典と共鳴させ、古典への多様な探求につなげてくれるのでしょう。

そうした驚きと喜びの世界へ一歩踏み出してみませんか。それによって、日本と海外、学校と地域、社会と教育、研究と教育の枠組みを超えて、教材でつながっていく大きな学びのコミュニティーの仲間入りができるに違いありません。そこには、小学校、中学校、高等学校、高等専門学校、大学などの校種を超えた豊かで知的好奇心をくすぐられる、素顔の教育の現場が立ち上がってくるでしょう。そして、生涯を通して学び続ける喜びを共有できるようになっていくことでしょう。

ここからは本書の構成について案内していきます。

第Ⅰ部では、古典教育への新しい切り口の入門編として三つの観点から情報を提供していきます。

STEP1「古典への誘い方」は、古典教育のあり方を今日の視点から捉えなおし、現場から再構築していく意欲的な取組みを紹介していきます。

多忙をきわめる国語科教員を取り巻く厳しい職場環境のなかで、現代の生徒たちの現実から出発してゴールを目指していくというのは、当たり前のように見えますが、それは古典と現代を結びつけていく巧みな仕掛けにもなり得るということに気づかされます。また古典教育では、学習指導要領と生徒の学習環境の多様性の狭間で悩むこともしばしばです。だからこそ現代と古典の境界線上で冒険に踏み出すような試みがあってもいいのではないか。ここではそんな実践例を紹介します。

STEP2「和本への誘い方」は、和本で古典の魅力を子どもたちに伝える工夫を問いかけます。小学生や中学生、高校生が古典籍にふれることによって、どのような変化が生じるのか。現代と異なる多様な文化的な価値とどのように向き合うのか、その面白さをいかに捉えようとするのか。普段接することのない和本にふれるという刺激的な体験をすることで、古典への興味、関心をどこまで引き出すことができるのか。さまざまな角度から検証しています。

和本を使って、実物が持つリアリティーを通して古典との距離を縮めていこうとする試みが成立するためには、当然のことながら和本そのものが必要です。手元に和本がなくても、それを借りることができるならば、さっそく授業準備ができます。また、授業者や学習者のための和本の基礎知識のガイダンスも忘れてはなりません。そのために必要な和本の知識を簡潔にまとめた配布用のプリントなどがあると、和本を活用した授業を導入しやすくなるのではないでしょうか。そんなすぐに使えるプリントも盛り込んでいます。

STEP3「くずし字への誘い方」では、教科書などの活字でしか古典に接したことのない学習者が、生きた古典の多様なくずし字の世界にふれることで、古典への興味、関心の裾野を拡げていこうとする事例と情報が紹介されています。くずし字教材を使った授業を実践することにどのような意義があるのかという不安にこたえる解説を冒頭に示して、くずし字授業への取組みのハードルを低くしました。

くずし字教材を使用した授業をどのように展開すればいいのか。学習指導要領との関わりはどうなのか。くずし字を使った授業を行う上で必要な知識やスキルをどのようにして得ることができるか。くずし字のアプリをどう使えばいいのか。くずし字教材の素材を探す方法は。具体的に実践していこうとしたときに予想される不安や困難を軽減することを目指した章です。

第Ⅱ部では、くずし字学習のための教材を紹介します。そのままプリントして利用できるくずし字教材と、そのまま授業で使える教材解説を掲載しました。教材に記した初級・中級はあくまで目安のレベルです。自由に配点は考えてください。教科書の補助教材として、あるいは、くずし字を読むことで授業へのモチベーションを引き上げる副教材として、あるいは、くずし字を読む練習をしたい人のためのドリルとしても利用できるようにしました。

多忙な学校教育の現場で和本やくずし字を用いた教材を試してみたい、授業の流れの中で興味づけのために導入してみたいと考えたとき、すぐに使える教材やプリントがあれば便利ですが、残念ながらそのようなくずし字教材は、現在ほとんど見当たりません。本書では、教育現場に立つ教員が自分自身の授業の中で、授業計画に従って適宜使用できる、多種多様な教材を紹介しています。ぜひともこれらを授業を活性化する試みのひとつとして使ってみてください。

最後に**付録**として、「くずし字一覧表」と「現古絵合わせカルタ」をおさめました。「くずし字一覧表」は頻出の字母を選定し直して、書き下ろしました。「現古絵合わせカルタ」は、くずし字に関心をもってもらうために、イラストとその解答としてのくずし字の組み合わせをカルタで楽しみながら学習できるように作っています。サイズをうまく調整いただくとプリントアウトしてカルタを自作することもできます。このカルタは小学校の児童向けに大学生が作ったもので、実際に小学校の模擬授業で実践されたものです。

本書で、従来の教科書の古典とは異なった、多様で豊かな古典の世界を探求してみませんか。「生きた古典」の世界をみなさんで拡げていただければと思います。

STEP 1

第1部　入門編

古典への誘い方

総論

本当に必要なのかと言わせない古典

仲島ひとみ（国際基督教大学高等学校）

1 「こてほん」の衝撃

二〇一九年に明星大学で行われたシンポジウム「古典は本当に必要なのか」（略して「こてほん」）が古典教育の関係者に与えた衝撃は大きなものでした。

このシンポジウムでは、まず古典「否定派」が「高校で古典必修は不要である」という主張を展開します。その理由は「経済成長に対して優先度が低い」「差別的な価値観が有害である」「現代語訳で読めばいい」といったものです。これに対して古典「肯定派」は、否定派が作ったディベートの土台には乗っての反論はしないと宣言し、古典を学ぶ意義として「古典は幸せに生きる知恵を授ける」「高校では実用性より広い教養が大切である」「自国の文化を知る権利がある」「誰が必要になるかわからない」などと主張しました。

この結果、肯定派が否定派に「反論できていない」という評価を、当の否定派はもちろん、議論を見ていたオーディエンスからも受けることになってしまいました。

このシンポジウムを視聴していた勤務校の生徒たちは、その内容が大いに不満だったようです。彼らが感じた問題点は、以下のようなものです。

・否定派と肯定派の議論（論点）がかみあっていない。

・目指しているものもそれぞれがバラバラで、否定派はディベートのつもりのようだが、肯定派はパネルディスカッションのようなスタンスである。

・高校の古典という話題でありながら、当事者である高校生の意見が全く聞かれていない。

これらの問題点を乗り越えるべく、生徒たちは自らシンポジウムを企画することになりました。

こうして、シンポジウム「高校に古典は本当に必要なのか」（「高校こてほん」）が二〇二〇年六月に開催されました。もともとは三月に学校を会場として開催する予定だったのですが、新型コロナウイルス感染症の流行により、オンラインでの開催となりました。このシンポジウムでは以下のことを行いました。

①二〇一九年シンポジウムの論点整理。否定派・肯定派の四名の主張をまとめ、さらに新たなゲストに迎えた二名の主張を紹介した。

②高校生アンケートを実施。高校生が古典や古典の授業をどう捉えているか、複数の高校の生徒に依頼し、約六〇〇人から回答を得て分析した。

③高校生メンバーが肯定派・否定派に分かれてディベート、合意形成に向けてディスカッションをした。

シンポジウムの詳細に興味のある方は、書籍『高校に古典は本当に必要なのか』（文学通信、二〇二一年）にまとめられているので、こちらをお読みください。

二〇一九年の「こてほん」シンポジウムでは必修・選択という論点が提出されましたが、二〇二〇年の「高校こてほん」ではそこから議論を一歩手前に戻して、そもそも高校で古典の授業をする意義があるのかという話をしました。そして、否定派・肯定派の対立がかみあう形で見えるように、③のディベートを行うにあたって、コンテンツ・リテラシー・アイデンティティーという三つの観点から整理しました。これをまとめたのが次の表です。

	意義がある（肯定派）	意義がない（否定派）
コンテンツ	古典に学ぶことは有益である	有益だとしても 現代語訳で学べばよい
	過去を相対化する視点を持つ	差別的な価値観が有害である
リテラシー	古い資料にアクセスできる	古い資料は アクセス不要の人が多い
	現代語の運用能力向上に つながる	現代語や実用的なことを 優先すべき
アイデンティティー	個人のルーツ・ よりどころとなる	自分とのつながりを感じない
	共同体としてのつながりを作る	ナショナリズム・ 排他性につながる

意義があるという見方も、意義がないもしくは害があるという主張も、どちらも一理あると言えそうです。しかし、必修・選択の議論は他の科目との兼ね合いもあり、最終的には優先順位をどうつけるかという話になりますので、なかなかここだけを見て簡単に結論を出すことはできません。

私個人としては、古典を必修科目として学習することは、リテラシーの面から相当程度正当化できるのではないかと考えています。日本語の書き言葉には、明治時代の言文一致前後でかなり大きな断絶があります。この断絶を乗り越えることを考える時、文語文法と漢文訓読の学習は大きな意味を持ちます。どのような分野に進むとしても、一〇〇年前の資料にアクセスする必要性は意外と多くの人にあり得ますが、一〇〇年前の書き言葉のために文語文法と漢文訓読の知識を学ぶのであれば、そう変わらない努力で一〇〇〇年前の資料へのアクセスも可能になります。(漢文も含めれば紀元前の資料へのアクセスを可能にしてくれます) そう考えると、古典の学習の「コスパ」はそう悪くないものに思えます。

さて、シンポジウムでは高校生のメンバーが二つの陣営に分かれてディベートをした後、その立場を離れて個人の意見を言い合う「感想戦」がありました。そこでは肯定派も含めて、今の授業にも問題がある、授業の改善が必要だ、という意見が述べられ、それが今回のシンポジウムで到達した合意点という形になりました。現場の教員としては重たい宿題を与えられたな、と思います。

2　なぜ必要性を問われてしまうのか

そもそもなぜ古典は「本当に必要なのか」と問われてしまうのでしょうか。もちろん、こうした教育談義の中で必要性を問われるのは古典だけではなく、英文法だったり三角関数や微分積分だったり、さまざまなものが槍玉にあがります。しかし、その中でも古典（古文・漢文）は頻繁に問われがちであるように思われます。

なぜ古典は必要性を問われてしまうのか。それは、役に立つとも面白いとも思われていないからではないでしょうか。もし生徒が古典の授業が役に立つと実感していたり、あるいは面白いと楽しんでいたりしたら、おそらく必要かどうかという問いはあえて出てこないでしょう。問わせてしまう責任が、役に立つとも面白いとも思わせることのできていない授業者の側にもあるように思います。

この「役に立つ」とも「面白い」とも思えない状態というのは、外発的動機付け・内発的動機付けのいずれもない状態と言い換えることができます。「外発的動機付け」「内発的動機付け」というのは、聞いたことのある方もいらっしゃるかもしれませんが、デシとライアンによる「自己決定理論」の用語です。外発的動機付けとは、ある行為の外側にあってそれを行う理由となるものを言います。典型的には、罰や報酬がそうです。古典が何かの「役に立つ」というのも、外発的動機付けと言っていいと思います。これに対して「内発的動機付け」とは、その行為自体がモチベーションとなっているものです。それ自体が「面白い」から、やりたいからやる、というのが内発的動機付けです。一般的に内発的な動機付けの方が強力であることや、はじめは内発的動機付けではじめたことでもご褒美をもらうと外発的動機付けに変わってしまうことなどがよく知られています。

3　古典と外発的動機付け

一口に外発的動機付けと言っても、その実かなりの幅があります。罰を受けたくない（損をしたくない）からやる、報酬がある（得をする）からやる、それが大切なことだと思うからやる。いずれも外発的動機付けではありますが、感じ方としてはずいぶん違いがあるでしょう。

古典がどのように役に立つかということにも、グラデーションがあります。いくつか考えてみましょう。

最も外的なのは「入試で使うから」という理由でしょうか。入試科目に古典が入ることには入学後の学びにつながる意味もあるかもしれませんが、単に選抜に使いやすいということであれば、別にそれが古典である必要はありません。古典そのものが役立つ理由ではないと考えると、動機付けとしては弱くなるように思います。

一方、前にも触れたリテラシーとしての必要性は、もう少し実質的なものです。例えば法律、行政など、さまざまな分野で少しでも歴史をさかのぼろうとすれば文語文法や漢語漢文の知識は必要になりますし、理系分野でも、天文や地震などの研究では実際に古文書（こもんじょ）が使われます。古典の世界は小説・マンガ・アニメといった創作のインスピレーションの宝庫でもあり、原文が読めれば誰かが訳したものしか読めない人より確実に有利です。また、歴史的認識が問題になる中で、意図的であれ非意図的であれ資料が誤読された時にはその誤りを指摘できるような、デマやプロパガンダに流されないための社会的ワクチンとしての役割も軽視できません。これらは、古典でなければならない理由ですので、同じ外発的動機付けの中でも学習者が必然性を感じやすいのではないでしょうか。

4　古典と内発的動機付け

古典そのものが楽しいからやりたくてやる、というのが内発的動機付けです。その楽しみ方にも実はいろいろなものがあり得ます。最も注目されやすいのは文学的に読む面白さだと思いますが、それ以外にも、例えば言語学的に、言葉がどのように使われているか、どのような変遷をたどって現在につながっているか、といったことを考えるのも面白いですし、歴史学的に、史料として古典作品を読み込み、どのようなことが起きていたのかを推定していく面白さもあるでしょう。あるいは科学的に、前項でも触れたように天文や地震に関すること、あるいは古い医学や薬学に関することをひもといていくのは、役に立つかどうか以前にそれ自体が知的好奇心を刺激する面白さがあると思います。このように、内発的動機付けになりそうな古典の面白さをさまざまな切り口で考えることで、それに応じた教材の発掘ができるのではないでしょうか。

ちなみに、古典肯定派には、内発的動機付けで古典を、それも文学的な側面を中心に研究している人が多いように思われます。一方の否定派は、内発的動機付けではなく外発的動機付けで古典を考えています。このあたりでも話のすれ違いがあるのではないかと思います。

5　本当に必要なのかと言わせない古典

それでは、生徒のモチベーションを高め、本当に必要なのかと言われない・言わせない授業をするにはどうしたらいいのでしょうか。内発的・外発的動機付けを意識することが重要ですが、加えて、前掲のデシとライアンの自己決定理論から、ヒントになりそうな事柄がありますのでご紹介します。

デシとライアンは、どのような文化に属する人であっても、三つの心理的ニーズを満たすことが健康や幸福（wellbeing）につながることを指摘しました。その三つの心理的ニーズとは、competence（有能さ、「できる」という感覚）、

autonomy（自律性、自分で決める、選ぶこと）、そして relatedness（関係性、誰かとつながっている感覚）です。これらのニーズを満たすような授業設計をしていくことで、学習者の満足度を高めていくことができると期待されます。それぞれについての実践例やアイデアをあげてみましょう。

6 competence 読める、読めるぞ！

competence（有能さ）へのニーズについては、「読めるぞ！」という感じをどう持ってもらうかが重要です。

①活用表を参照して読む　これは二〇一九年の「こてほん」シンポジウムの書籍版『古典は本当に必要なのか』の総括でも提案されていましたが、テストに活用表をつけてみる方法があり得ます。文法体系を体系として暗記し、何も見ないで活用させるのは、「できる」と思えるまでのハードルが少々高すぎます。もう少しスモールステップで文法を活用する体験ができるといいと思います。「それではテストにならないのではないか」と抵抗感を持つ人も多いのですが、実際にそれでみんなが満点を取れるわけではありません。考えてみれば、現実には教員も研究者も、参考書・注釈書・辞書などを参照しながら読んでいきます。古典を手ぶらで読むテストは、ある意味ではかなり特殊な環境とも言えます。

②「本物」を見る　教科書の本文は、翻刻（ほんこく）され漢字やひらがなの表記なども調整されたものです。このことがかえって「本物の古いものを読めている」と感じにくくさせているかもしれません。そこで、古文書や碑を実際に見て読んでみるという体験はいかがでしょうか。実際に近場にある石碑を見に足を運んだりするのも楽しいですし、本は複製でもいいので手に取って見られるといいと思いますが、最近はデジタルアーカイブも充実してきたので使わない手は

ありません。国立国会図書館が運営する「ジャパンサーチ」（https://jpsearch.go.jp/）などで検索すれば簡単に教材が作れます。くずし字学習アプリ「KuLA」、AIくずし字認識アプリ「みを」なども、初心者の強い味方です。

③読みやすいものを読む　入門期は読みやすくて面白いものを読むのが一番です。たいていの教科書が中世の説話で導入しているのも、そのような意図でしょう。さらに近い時代の近代文語文や近世の作品などからも、探してみると今の教科書の定番以外にも生徒の興味を引きそうなものが見つかるかもしれません。例えば『解体新書』『蘭学事始』なども面白そうです。ヒントになる問いや注をつけたプリントを作成するなどして、それを頼りに自分でガツガツ読んでみるような使い方ができると「読めた」という感覚を得やすいと思います。

7 Autonomy 自分で決める！ 選ぶ！

Autonomy（自律性）へのニーズについては、自分で選択し決定するプロセスを組み込んでいくことが重要です。自分で対象や方法を選べるような課題を出してみるのがいいでしょう。

①全文音読チャレンジ　好きな作品を自分で選んで本文を全文音読してみよう、という課題を一年生の夏休みの宿題で出してみました。テキストは原文であれば文庫本でもジャパンナレッジ（オンラインデータベース）で閲覧できる全集でも、何でも可。実際に自分でも音読してみて、時間の目安を示しました。例えば方丈記は三〇分、土佐日記は四五分、竹取物語は一時間、伊勢物語や更級日記は一時間四〇分、古今和歌集は四時間程度で全文を音読できます。

これは一年生に対してかなりのむちゃぶりだったと思いますが、おおむね楽しんでやってくれたようです。読んだ作品・所要時間とともに感想を書いて提出してもらいましたが、意外と中身がわかっていそうな感想に驚きました。

もちろん本に載っている注釈や現代語訳を参照しているのだと思いますが、「授業でやった文法事項がわかった」などのコメントもあり、「読める」と感じられてcompetenceへのニーズという面でもよかったと思います。

②翻訳翻案チャレンジ　教科書的な一つの正解があると思うと苦しいものです。そこで、いろいろな翻訳を参考にして自分なりの表現をしてみようという課題を出してみたことがあります。伊勢物語で三～四種類、源氏物語（げんじものがたり）で八～一〇種類の訳（英訳も含む）を並べて紹介。これだけいろいろな訳し方があるというだけで解放された気分になりますが、自分で表現する方も、現代パロディやマンガ・イラストもアリにするとかなり多様になり面白いです。

ここまで全面的なものでなくても、小さなところで選択や工夫の余地が設けられている授業を設計してみましょう。日本の小中高の授業や学校生活では、自分で決めて選ぶ練習をあまりさせていないように思います。そこが変わると、社会のあり方も変わっていくのではないかという希望も持っています。

8 Relatedness みんなで！ 推し！

Relatedness（関係性）へのニーズについては、教室の中の共同体作りの方向性と、学習内容に対するつながりを作る方向性とを考えてみました。

①グループワーク　生徒同士で協力して取り組む課題は、学びのコミュニティーを作るのに役立ちます。授業法としてさまざまな手法が各所で紹介されていますので、ここでは詳しい説明は割愛しますが、例として「ジグソー学習」、「リテラチャーサークル」、「ＱＦＴ（質問づくり）」、「インプロ（即興演劇）」、「群読」などが古典の授業でも活用できそうです。

検索してみてください。

②「推し」を作る　古典の作品や作者、登場人物、歌人など、自分の好きな人や物（最近よく言うところの「推し」）を作ると、学習するのも楽しくなります。英語教育の関係者がＳＮＳで「推し文法」「推し構文」といった話をしているのも見かけたことがあり、推し技法・推し単語・推し助詞・推し助動詞などを自分で決めて語り合ったりすると面白いかもしれないと思いました。ちなみに筆者の推し助詞は「さへ」、推し助動詞は「む」です。

古典をめぐるこれまでの議論や高校生アンケートを見ていて、古典に対する考え方には、過去の教員との出会いに影響されている部分が大きいと感じます。深みのある知識と愛のある語りで古典ファンを生み出してきた先生は今までにもたくさんいて、そういう先生と出会えた人は幸福だったと言えるでしょう。一方、不幸な出会い方をしてしまったばかりに古典から遠ざかってしまった人も少なくありません。

古典が社会の中で肯定的に捉えられ継承されていくためには、学校でそれを教える教員の力量が全体として上がり、支持される必要があります。そのためには勉強が必要ですし、勉強できる余裕が必要です。労働環境に関わることでもあり、一朝一夕に劇的な改善は難しいでしょう。しかし、自分が古典を「推す」だけではなく、「推される」教員になり、生徒を古典の魅力につながる道に誘うこと。それができるようなところに立とうという意識を、まずは持ちたいと思います。

実践1

古典世界に誘うための「フック」と「問い」

有田祐輔（大阪府立茨木高等学校）

1　好きなものを好きになってもらう

「古典好き」を増やすために、古典の文学的な面白さや奥深さについて正面突破で大熱弁しても、もともと古典に好意を持っていない生徒には響かないでしょう。例えば、プロ野球好きの私が、野球に関心のない友人の興味関心を喚起したいのならば、まずは友人が今持っている興味関心に寄り添うところから始めます。ファッションが好きな人にはおしゃれなデザインのユニフォームをリストアップして紹介したり、音楽ライブで盛り上がるのが好きな人を思い切ってスタジアムに連れて行ってみたり、相手の「今の興味関心」に引っ掛かる「フック」を仕掛けます。そして、そこから少しずつ、段階的に、野球競技の世界に引っ張っていきます。もちろん、最終的に目指すのは、その友人が野球という競技「そのもの」の魅力や奥深さを知り、そのものを好きになる、ということです。

私にとって、野球を勧めることと、古典の興味関心を喚起することとは、「好きなものを好きになってもらう」という点で同じです。古典の授業でも、生徒が今持っている興味関心に引っ掛かりそうな「フック」を仕掛けて、少しずつ、古典そのものの面白さにつなげていきます。彼らがすでに持っている感性、今ある知識の枠の中で、彼らのペースに合わせて並走し続ける、というのではなく、どこかでグイッと違うコースに引っ張っていって、新しい世界を見せること、自分からはアクセスしてこなかった外の世界に引っ張っていくことを目指します。

もちろん、野球であれ古典であれ、どうしても好きになってくれないこともあります。それはもう、仕方のないことです。私はいつも、あわよくば一コマあたり一人の興味関心が喚起できれば十分だと思って授業を組み立てています。一コマあたりたった一人でも、週二コマの授業を指導要領の定める標準時数ぶん実施すれば、約七〇回なので、四〇人クラスであれば、一人につき年間約二回ずつ、その興味関心を喚起できる計算になります（明らかにナンセンスな計算ですが、これぐらいの気持ちで授業に臨む方が、よい意味で余裕をもって、やわらかい表情で授業ができると思います）。

2 「フック」と「問い」

幸い、古典にはフックの仕掛け所が豊富にあります。『伊勢物語』「東下り」であれば、「あづま」の語源を説明する際にゲームや漫画の世界で「倭建命（日本武尊）」を知っている生徒をひきつけたり、「乾飯」を作っていって授業時間中にふやかして食べてみたり（涙の塩分濃度をスマホで検索させて、その場で食塩水を作ってから授業を始めたこともあります）……。さらに深堀りして、「ヤマトタケルが『あづまはや』と嘆くのは足柄の坂です。坂は〈内／外〉〈此岸／彼岸〉の境界と捉えられていて、ここで彼は白い鹿の姿をした神に出くわします。アニメ映画『千と千尋の神隠し』で千尋と両親が異世界に迷い込むきっかけとなったのも「坂」。両親は異界のものを食べて豚になりますが、これは黄泉戸喫で黄泉の国の住人になったイザナミと重なります。」と、他の作品につなげることもできます。乾飯については、「災害備蓄品のアルファ化米はまさに乾飯です。これは家でも作ることができますよ。四日ほどかかる古式ゆかしい天日干しの方法と、オーブンを使って一二〇分ほどで簡単に作れるレシピを紹介するので、ぜひ家で作ってみてください」と勧めてみるのも面白いです。

しかし、このように、こちらから話を展開するだけだと、どうしても一方的な感じがします。できるだけ生徒が「主体的に」古典の面白さに「気づく」ことができるように、私は「段階的に問いを重ねる」という手法を用いるようにしています。以下に、二つの具体的な実践例をあげておきます。各実践例ではどのように問いを重ねていくのかをわかりやすくお伝えするために、発問内容を具体的にお示ししています。また、各学校でシラバス上の制約、時間的な制約、学習到達度の制約（大学受験を見据えた指導が必要な場合、体系的な文法学習や、入試対策的なことも絡めながら、授業を進めなければなりません）など、さまざまな制約があるでしょうから、できるだけ時間を圧迫しない形でできる例をあげています。

実践例1　「日曜朝」から「名乗り口上」へ　高校一年生

『平家物語』「木曽の最期」

木曽（源）義仲「昔は聞きけんものを……」、今井四郎兼平「日ごろは音にも聞きつらん、……」の名乗り口上について

問1「子どものころ、日曜朝の戦隊ヒーロードラマや変身ヒロインアニメを観ていた人は、何を観ていましたか。」

問2「彼／彼女らは、変身した後、名乗りを上げてから戦いに挑みますね。ちなみに、アメリカで日本の戦隊ヒーロードラマがリメイクされた際には、現地の製作陣が『なぜ日本のヒーローは戦闘前に悠長に名乗るのか。そんなことをしている間にやられてしまうじゃないか。』と指摘したそうです。元寇の際には名乗りを上げずに攻め込んでくるモンゴル軍に苦戦したとも言われています。彼らはなぜ名乗ったのでしょうか。」

問3「味方と敵に向かって大声で名乗りを上げたのは、誰が誰を打ち倒したのかが、その後の論功行賞に関わったためです。さて、ではあなたなら、どのように名乗ってから戦いに挑みますか。隣の人と二分ほどで「名乗り合い」をしてみてください。」

問4「名乗りの中では、名前以外にどのようなことを言いましたか。何人かに聞いてみましょう。」

問5「では、義仲、兼平はどのように名乗り口上を上げたのでしょうか。単語帳と文法書を使って、訳してみてください。」

問6「戦隊ヒーローって、かっこいいスーツを着ていますよね。では、義仲はどのような姿で名乗っているのでしょう。そして、名乗られた敵方はどんな反応をしているでしょうか。教科書や便覧のカラー資料

を参考にしながら「木曽左馬頭、／……／大音声を挙げて名乗りけるは、」までを、文法事項に留意しながら「一条次郎／……／とぞ進みける」までを読んでみましょう。」

※これらのやり取りを通して、武士の名乗り口上について知ると同時に、過去推量・現在推量の助動詞や、逆接確定の接続助詞などの文法事項、武士の装束についても理解を深めることができました。ただ口語訳を作ったり、単純に本文の記述からカラー資料に飛んでしまうのではなく、いったん彼らの世界に入っていって、そこから問いを重ねることで古典世界に引っ張っていくと、彼ら自身の問いとして主体的に作品を読み、新たな世界に触れて、新たな面白さに気づかせることができます。

実践例2 「わたしの春」から「清少納言の斬新さ」へ

高校二年生

『枕草子』「中納言参り給ひて」「雪のいと高う降りたるを」の導入として

問1 「皆さんは「春」といえば何を思い浮かべますか。」

【タブレットやWi-Fiに接続されたPCがあれば、 その場でアンケートフォームへのリンクを付けたメールを送信し、回答させると、「ライブ感」があり、多くの意見を吸い上げることができるので面白いです。その際、できれば回答結果をスクリーンに映してその場で意見を共有します。過去の回答例は「桜」「新生活」「新学年」「入学」「卒業」「たんぽぽ」「花粉症」「鰆」「プロ野球の開幕」……、特に「桜」が多いです。**】**

問2 「皆さんの回答には四季折々の景物、行事、旬の食材、「物」が多いようです。『古今和歌集』でも、春の歌の半数以上が「桜（花）」を詠んでおり、春上から春下の四九番～八九番の「桜の大歌群」があるほどです。『古今』の春の歌には他に「霞」「鶯」「柳」「山吹」なども詠まれていて、これらもやはり、四季を感じる「物」ですね。では、清少納言『枕草子』では、「春は」何でしたか。」

問3「「春はあけぼの」ですね。「あけぼの」とは何でしょうか。単語帳や辞書を使って調べてみてください。」

問4「『夜がほのぼのと明け始めるころ』のような説明が出てきましたね。これは、「物」ではなくて「時間」です。いかにも春らしいものではなく、時間帯を持ち出した。ここに、清少納言らしさ、「非凡さ」「斬新さ」が見られます。しかし、春とあけぼの（朝）の取り合わせは、季節を無視した、品格のない取り合わせではないのです。『枕草子』の約一〇〇年前に作られた勅撰和歌集『古今和歌集』の序文、「仮名序」には、かつての帝たちが「春のはなのあした」に歌を詠ませた、と言うことが書かれていて、春と朝の組み合わせはちゃんと、雅な取り合わせだったのです。みんなが当たり前に思い浮かべるものではない、斬新なものを持ち出している、けれども、実は古典（清少納言にとって、『古今』はすでに古典です）を踏まえている。この非凡さや、機知が、他の章段にもたくさん見られます。「中納言～」「雪のいと高う～」にも清少納言らしさが見られて面白いので、早速読んでいきましょう。ちなみに、今の説明の多くの部分は山本淳子さんの『枕草子のたくらみ』（朝日新聞出版、二〇一七年）を参考にしています。また、『古今和歌集』については、鈴木宏子さんの『「古今和歌集」の想像力』（NHKブックス、二〇一八年）を参考にしました。ぜひ読んでみてください。」

※「中納言～」「雪のいと高う～」は、二方面への敬意や助動詞などの重要文法事項が多く、難しいので、導入時点でちょっと読んでみようと思えるように工夫しています（私は現代文は「まとめ」、古典は「導入」が肝心だと思っています）。また、興味関心を持った生徒をより「ディープな」古典の世界に誘えるように、自分が参考にした図書はできるだけ紹介するようにしています。

実践2

古典のSTEAM化
——「ものづくり」による学びの実践

森木三穂（鶴岡工業高等専門学校）

1 自ら主体的に魅力を発見する

古代ギリシアの哲学者プラトンは「探求するとか学ぶとかいうことは、じつは全体として、想起することにほかならない」（『メノン』）といいます。私たちの魂はあらゆるものをすでに学んでしまっており、勇気をもって探求し、倦むことがなければ、一つの想起がきっかけとなって自ら他のことも発見することがあると。

古典文学を学ぶ難しさの一つに、作品を理解するためにはストーリーをなぞるだけではなく、作品内に散りばめられた当時の文化や価値観などを含めて読むことが必要であることがあげられます。それらは作品の魅力に気づくための必要不可欠な要素ですが、その情報量は多く、時代を超えた価値観の共有は簡単なことではありません。しかし、古来人々は作品をより楽しむために、それらの要素を含んだ多様な表現方法によって享受してきました。例えば「国宝源氏物語絵巻」は『源氏物語』を絵画化した逸品です。文字表現を絵画化することで、当時の文化や風習を視覚的に描き、共有することが可能になりました。その後、冊子絵や屏風絵、色紙絵などさまざまな方法で源氏絵が制作されました。また、「初音蒔絵婚礼調度」や小袖などの工芸品も誕生し、絵画だけではない表現方法で作品が享受されました。つまり、人々は物語をビジュアル化することによって、より理解を深め、楽しみ、味わおうとしてきたのです。ビジュアル化は、当時の文化や価値観も反映された具体的なイメージの提示であり、古くから続く享受のスタイルだといえるでしょう。

古典文学を学ぶ、となると学生の多くは抵抗感を示します。講義前アンケートからは「暗記させられた」「意味がわからない」「何の役に立つのかわからない」というネガティブなイメージと強い苦手意識があることがわかりました。アンケート対象である高等専門学校（以下、高専）の学生がいわゆる「理系」である、ということが抵抗感の強さに影響しているのかもしれませんが、文系・理系問わず、そもそも古典を苦手だという学生に対してどのようにアプローチすることがネガティブなイメージを払拭できるだろうか、という問いを抱きました。古典文学を好きな者が好きなものの魅力を語るのは簡単なことですが、マイナスの印象を持っている者が魅力を感じるためには、好きな者が語る押しつけの魅力ではなく、自ら主体的に魅力を発見することが効果的ではないでしょうか。つまり、古の人々が作品を楽しんできたように、現代を生きる学生たちも、自らの手で作品をビジュアル化することで作品読解と理解を深め、自ら探求の一歩を踏み出すことで古典文学の魅力を発見していくのではないかと考えました。

2 ビジュアル化の手法――STEAM

そのビジュアル化の手法として用いたのがSTEAM（スティーム）です。STEAMとはScience、Technology、Electronics、Arts、Mathematicsの頭文字をとったもので、分野横断学習により新たな価値の創造、課題発見、課題解決の力を養う教育手法です。高専とは五年間の課程の中で技術者を養う高等教育機関です。理工学に興味を持ち、学びを深めたいと入学してくる学生が多く、STEM分野において低学年から専門的な知識を学ぶことができます。専門性が高い一方で、Aの分野に該当するリベラルアーツや芸術性・表現力を学ぶ機会が少なく、視野狭窄（きょうさく）に陥りやすいこと、せっかくの知識や技術を柔軟に活用できていないことが課題であると考えていました。時代やジャンルを超えた多彩な素材を活用でき、A分野を担うことができるのは国語である、と考え、古典のSTEAM化の実践を通し、学びで得た専門知識に加え、A分野である表現や教養との融合から総合的な力や視点を養おうと試みました。この取り組みは高専という特殊な環境だからできたのでは、と思われる方も少なくはないと思います。確かに高専はものづくり技術の学びを低学年から行っており、環境も充実しています。しかし、現代の子どもたちは自ら興味関心のあるものを探求する力があります。探求を推進するための環境も整い、気になることがあればすぐにインターネットなどで調べることができます。現実社会だけではなくインターネット社会においてのコミュニティーも充実しており、現実では表現できなくても、自分の好きなものへの思い、やってみたいという願望は持っているのではないでしょうか。ここに古典のＳＴＥＡＭ化の大きなポイント「好きなことを生かす」があります。倦まず探求するためには「好き」を原動力にすることが不可欠です。ＳＴＥＡＭ化の方法を考える時に何度も口にしたのは「好きなことを生かそう、やってみたいことにチャレンジしよう」ということです。

課題に取り組む土台作りで重視したことが三つあります。一つ目は「自ら選択する」ということ。誰と取り組むか、どの作品のどの場面を取り上げるか、どの表現方法でやるのか、すべて自分で選択します。それを支えるのが二つ目のポイント、「自由度」です。課題に取り組む際に設定する「自由度」によって自分自身で「選択」するようになります。完全に自由というわけではなく、ある程度の枠の中での自由ではありますが、「ある程度の枠」というのも自由と選択を支えているとも言えます。三つ目は「楽しむ雰囲気作り」です。自分の好きな古典作品を見つけるためのヒントとして各時代の多様なジャンルの作品を授業の中で紹介しました。そこでは深く正確に学ぶことよりも、その作品の表現特徴や時代における文化や価値観の体感を重視しました。読むために必要な文法には触れますが、品詞分解等の文法の学習は行いません。何よりも、価値観の相違と共感を楽しむ雰囲気作りを心がけます。その作品に描かれている世界に対して自分はどう思うかを作品ごとに考え、共有することを通して読みの自由さを経験的に会得するようにしました。

古典のＳＴＥＡＭ化の実践によって得られた成果は、古典文学の新たな価値を創造しました。高専生だからといって必ずしも高度なものづくり技術による成果ばかりだったわけではなく、実に多様で多彩なそれぞれの「好き」を生かした成果でした。従来の読みや枠組みにとらわれない視点や表現は、国語科教員や古典が好きだと思う側に対して新鮮な驚きと衝撃を与えました。「このような視点で捉えられるのか」という、本来自由であるはずの読みの面白さに気づかせてくれます。具体的に実践例を紹介したいと思います。

▼課題：奈良時代〜江戸時代の日本の古典文学作品を一つ選び、作品紹介をしましょう。その際、作品の魅力が伝わるようなビジュアル資料を制作して発表時に提示してください。

▼発表方法：七分間のプレゼンテーション。パワーポイントを用いた資料を用意すること。

▼ビジュアル資料の傾向

学生たちの「好きなことを生かす」ため表現方法は多岐にわたりますが、大まかに分類すると五つの傾向があります。

1.「つくる」…作品に登場するもの（道具）を実際に作るものづくりの技術を生かす
2.「実験・計算する」…作品に描かれていることは実際に可能なのかを科学的に分析する
3.「めぐる」…作品に描かれている地を自分の足でめぐり、写真や動画で記録する
4.「ゲーム化」…作品をベースにし、遊興要素を加えたゲームによって作品を再構築する
5.「実演」…作品や論考をベースにした脚本や歌を作り、実演する

▼作品例

1.『義経千本桜』平知盛の碇を実寸大で作成［**図1**］
第二「渡海屋の段」（『新日本古典文学大系93　竹田出雲　並木宗輔　浄瑠璃集』一九九一年、岩波書店、四五六頁）
「三途の海の瀬踏みせん」と碇を取て頭にかづき。
「さらばさらば」も声計。
2.耳鳥斎『絵本水也空』『忠臣蔵』の薬師寺次郎左衛門の絵を3Dプリンターを用いてフィギュア化［**図2**］
3.『平家物語』那須与一の扇の的　矢の軌道を物理演算にて算出［**図3**］

図1　実寸大で作成した平知盛の碇

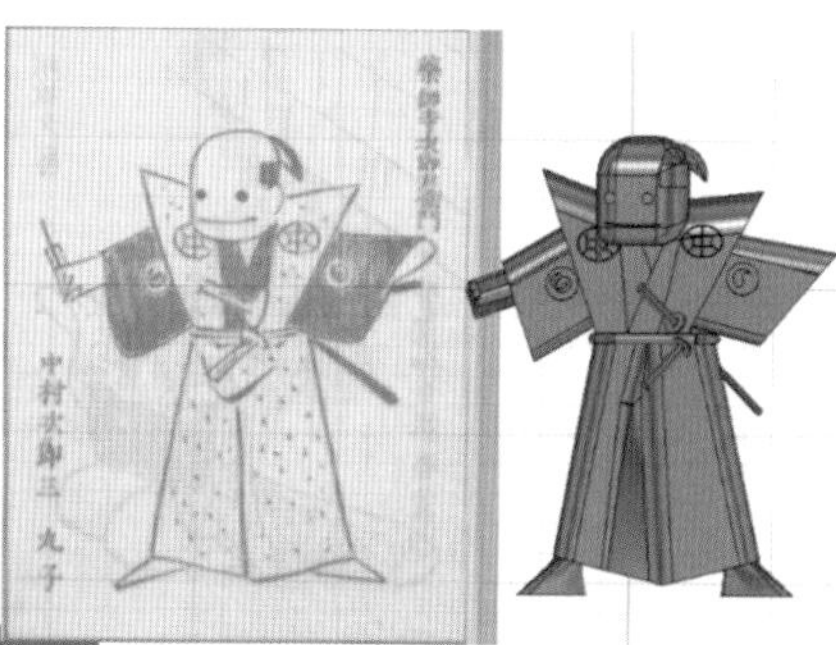

図2　3Dプリンターを用いてフィギュア化した耳鳥斎の絵

■疑問
那須与一は本当に扇を射抜けたのか？
その場合、どのような数値条件が必要なのか？

■物理の授業で習った「物理演算」で計算する

前提条件）
・空気抵抗、風、矢の長さ、質量は考えない
・重力加速度は9.8㎨
・矢の加速度は100㎧（50kg）そのまま失速しない
・扇との水平距離は81m
・扇の直径が20㎝
・扇との高低差は2m（扇の要から3㎝の部分で2m）
・正面から見た際の左右のずれは考えない

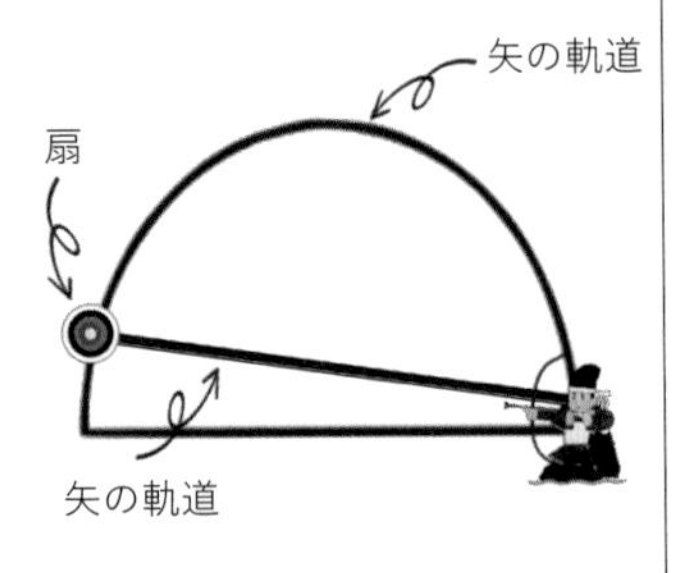

■計算した結果
許容誤差
上に17°
下に3°までのズレなら扇に当たる

図３　那須与一の矢の軌道を物理演算で算出

学生が選択する作品の傾向は、授業では扱わなかった作品を題材に選ぶ割合が七〇％ほどになり、自ら作品を開拓したことがわかります。その中には教科書や資料集などには載っていない古典籍を国立国会図書館のデジタルコレクションから発見し、くずし字を読みながら作品を理解しようとした事例もあります。事後のアンケートには、「やっていくうちにどんどん面白くなった」「紹介するためには自分がしっかり理解しないと伝えられない」という声が多くみられ、作品を理解し、表現するために主体的に学ぼうとした姿が見られました。まさに、「一つの想起がきっかけとなって自ら他のことも発見することがある」ということでしょう。いくつもの時代を超えて受け継がれてきた古典文学を後の世に伝えていくためにも、作品の持つ魅力を主体的に発見できるような学びの仕掛け、働きかけがこれからの古典教育には求められるのではないでしょうか。享受の方法は多様・多彩であり、止まることがありません。まずは自分自身が柔軟な視点と広い視野を持ち、これからも古典文学の魅力を探求していきたいと思います。

実践3

イメージで現代とつなぐ古典

江口啓子（豊田工業高等専門学校）

1 はじめに

私は現在、高等専門学校で教鞭をとっていますが、以前は高等学校で国語を教えていました。また、大学で非常勤講師として古典文学の入門を教えることもあれば、小学生を対象とした古典に親しむための講座も行いますし、一般市民の方向けの生涯学習としての古典講座を担当することもあります。小学生から大人まで、古典の知識のいかんを問わずに、少しでも古典に親しんでもらうようにするにはどうすればよいか、さまざまに試行錯誤をして参りました。ここでは、小学生から大学生以上までを対象に、古典に親しむ授業の実践例をご紹介します。

2 「古典」はすぐそばにある

古典というと、少しでも学習したことのある人にとっては「文法が難しい」というイメージが第一に浮かぶかもしれません。そのため、肝心の古典作品の中身に行き着く前に拒絶反応を起こされがちです。また、そもそも古典というのは単に「古い物語」であり、そのようなものをいまさら読んでも役に立たないと考える人も多くいます。

しかし、古典とは実際には「古い物語」を指すのではなく、昔から今にいたるまで人々に受け入れられている物語を指します。物語は時代とともに変化したり、新たなイメージが加わったりすることで生まれ変わり続けます。そして、人々に気づかれないまま、ごく自然に現代の文化に溶け込んでいるものなのです。

そこで、古典を扱う際には必ず「今」とのつながりを軸に話を進めるようにしています。自分の身近に古典が存在することを実感してもらうことによって、古典への心理的ハードルを下げるのです。特に、現代のアニメやゲームなどのサブカルチャーにおいて、いかに古典が活かされているかを紹介し、「古典」は遠くにあるものではなく、ごく身近に存在していることに気づいてもらえるように工夫しています。

3 「お伽草子」を用いた授業実践

「お伽草子」とは広義の定義としては一四世紀から一七世紀中ごろにかけて作られた四〇〇種あまりの短編物語群を指しますが、狭義には江戸時代の享保年間（一七一六〜三六）に「御伽文庫」として刊行された二三編の物語を指します。これは大坂で書店を営んでいた渋川清右衛門が中世末期から近世初期にかけて作られた物語を集めて刊行した叢書です。この中には今でも多くの人に親しまれている「一寸法師」や「浦島太郎」もあります。

　お伽草子作品は絵を伴う短編物語がほとんどで、今でも昔話として親しまれている作品も多くあります。そのため、古典の入門としては扱いやすい作品です。また、「御伽文庫」をはじめとして、資料の画像データがインターネット上で公開されています。ここでは国立国会図書館デジタルコレクションで公開されている「御伽文庫」の作品を用いた授業実践を二つご紹介します。

実践例1　「浦島太郎」　対象：小学生〜大学生以上

「浦島太郎」は誰もが知っている昔話ですが、現代の「浦島太郎」はお伽草子の「浦島太郎」と大きく異なる点があります。子どものころからよく知っている「浦島太郎」の物語は、幅広い世代にとって親しみやすく、わかりやすい題材となります。

【流れ】

①現在流通している「浦島太郎」のあらすじについて確認する。
②御伽文庫「浦島太郎」のあらすじを、挿絵とともに説明する。
③現代版と御伽文庫版との違いについて考える。
④現代版「浦島太郎」になるまでの物語の変遷について説明する。

①は古典の知識が全くなくても誰もが理解でき、参加できるところです。本によって浦島太郎が竜宮城に滞在した日数（数日～数年）や竜宮城にいる間に地上で経過していた年数（長いもので七〇〇年）が異なるので、児童・生徒たちに尋ねてみてもいいでしょう。

②で、国立国会図書館デジタルコレクションの写真を使いつつ、御伽文庫の「浦島太郎」の説明をします。実は、絵を見るだけでも現代版との違いがわかります。**図1**は物語の第一図です。一目見ただけで、「亀が小さい」「亀がいじめられていない」などの違いに気がつきます。また、「浦島太郎」と言えば大きな亀の背に乗って竜宮城に向かう場面が有名ですが、お伽草子の「浦島太郎」では舟に乗って竜宮城に向かう様子が描かれます。このように、古文が読めなくても、絵を伴うお伽草子を題材にすれば視覚情報から物語を知ることができます。なお、あわせてくずし字で書かれた本文を見せてもよいでしょう。**図2**は「浦島太郎」

図1　国立国会図書館蔵「浦島太郎」第1図
（DOI：10.11501/2537589）

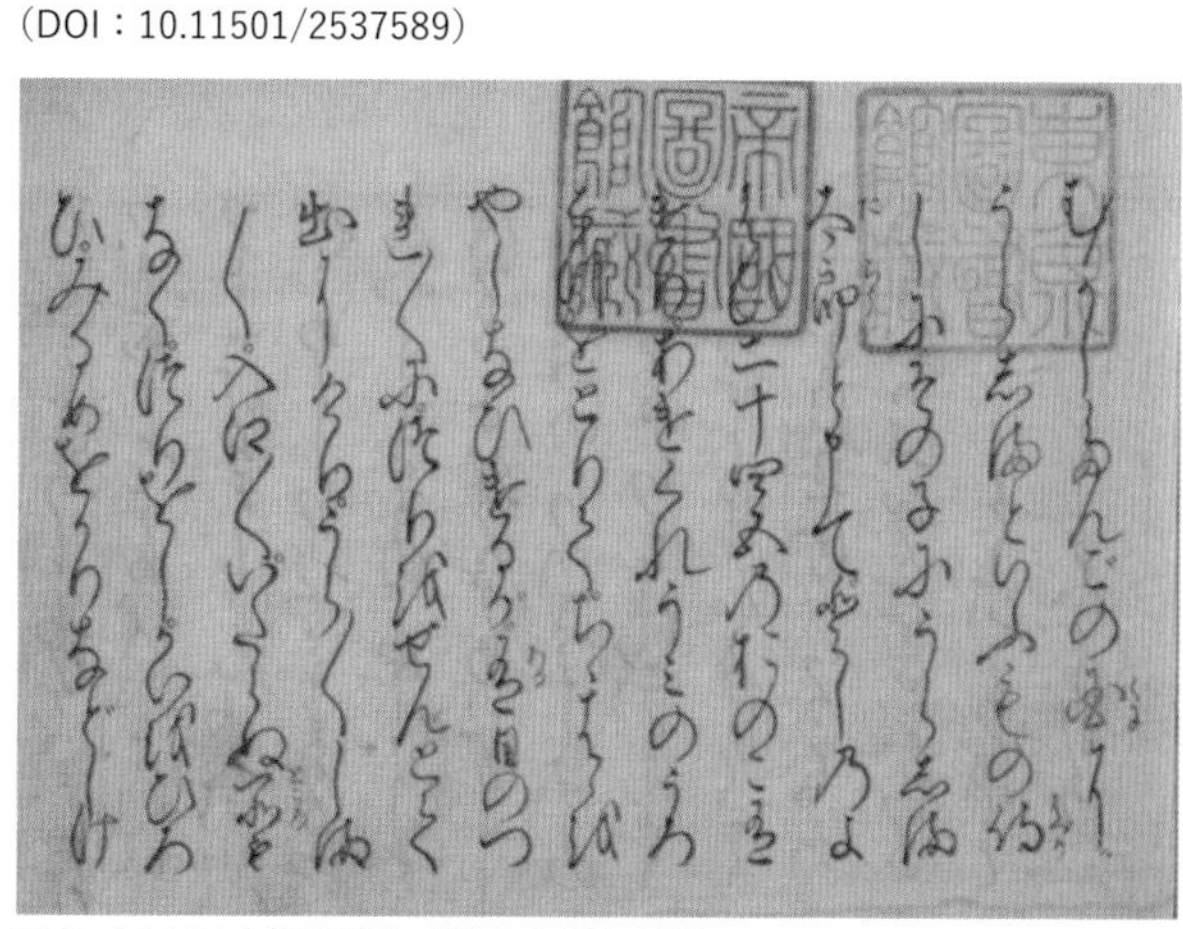

図2　国立国会図書館蔵「浦島太郎」冒頭
（DOI：10.11501/2537589）

STEP 1　古典への誘い方

STEP 2　和本への誘い方

STEP 3　くずし字への誘い方

の冒頭の本文の写真です。小学生でも読める仮名もありますが、変体仮名も使われています。くずし字初学者にはこの冒頭で「うらしま太郎」と書かれている箇所を探してもらいます。ちょうど三行目から四行目にかけて「うらしま太郎」とあるのですが、ここでは、「し」は「志」、「ま」は「満」の字母で記されています。現在では一つの仮名につき字母は一種類ですが、この例を用いてかつての豊かなひらがなの文字文化を示すことができます。

③では②の説明を聞きながら気がついた現代版との違いをまとめるという作業をします。個人でまとめるのでもいいですし、グループで話し合ってもよいかもしれません。

④では主に「いつから浦島太郎は亀に乗るようになったのか」、「いつから亀がいじめられるようになるのか」について解説します。「浦島太郎」の物語の変遷については参考文献にもあげましたが、林晃平氏による詳細な先行研究があります。対象が高校生以上であれば『万葉集』や『日本書紀』にある「浦島子」の伝承からたどってみると、この国民的に親しまれている物語がいかに息の長い作品か実感しやすくなると思います。

実践例2 「酒呑童子」 対象：高校生～大学生以上

「酒呑童子」といえば以前であれば怖い鬼のイメージを抱く人が多かったかと思います。しかし現在、インターネット上で「酒呑童子」を画像検索すると、恐ろしい鬼とは似ても似つかぬ妖艶な美女やイケメンのイラストがヒットします。酒呑童子はこの現代においてさまざまなゲームやアニメで大活躍しているキャラクターなのです。作品によって多種多様な酒呑童子が存在しますが、それは今に始まったことではありません。酒呑童子は物語化され、絵画化された中世から、そのイメージや性格が変化したり、新たな要素が付加されたりしています。「酒呑童子」は現代のサブカルチャーと古典の関わりを説明する上で格好の題材となります。ただし、物語の内容には残酷な描写が含まれますので、私は対象を高校生以上にしています。

【流れ】

①現代のサブカルチャーに登場する「酒呑童子」のキャラクターについて紹介する。

②御伽文庫「酒呑童子」のあらすじを、挿絵とともに説明する。

③「酒呑童子」の図像の変遷をたどる。

④「酒呑童子」のメディア展開について説明する。

①ではまず「酒呑童子」を画像検索した状況を示し、現代のサブカルチャーにおいても活躍する酒呑童子について確認をします。

②で、国立国会図書館デジタルコレクションの写真を使いつつ、御伽文庫の「酒呑童子」の説明をします。対象が高校生であった場合は、ここで一場面を取り上げて古文読解の練習にあてます。大学生であればくずし字を翻刻した上で本文を読解してもらいます。また、この授業では最終的に「酒呑童子」のイメージの変遷をたどりたいので、定番のビジュアルイメージを確認します。**図3**は酒呑童子登場の場面、**図4**は酒呑童子が源頼光（みなもとのよりみつ）によって退治される場面です。これらの場面はさまざまな

図３　国立国会図書館蔵「酒呑童子」第５図
（DOI：10.11501/2537591）

図４　国立国会図書館蔵「酒呑童子」第８図
（DOI：10.11501/2537591）

媒体で繰り返し描かれ続けますが、その中で継承されるもの、変化していくものがあるのです。

③では酒呑童子の図像の変遷を確認していきます。例えば図3はまだ鬼としての正体を見せていない酒呑童子なのですが、御伽文庫本では中年男性のような風貌をしています。ところが酒呑童子の絵巻作品として最も古い逸翁美術館蔵『大江山絵詞』では美しい稚児姿で描かれているのです。なお、国際日本文化研究センターの「怪異・妖怪画像データベース」で「酒呑童子」を検索すると多様な酒呑童子の画像を見ることができます。

④では「酒呑童子」の物語が能や浄瑠璃、歌舞伎などに展開していくことについて説明します。一つの物語が異なるメディア（＝表現媒体）に展開していくことで、物語のイメージがより強固になったり、新しいイメージが付加されたりしていきます。このような物語の展開は現代でも同じことが起きています。例えば『鬼滅の刃』はもとはマンガですが、アニメ化し、舞台や能・狂言にもなりました。ちょうど「酒呑童子」が能や歌舞伎になったのと同じです。また、人から外れた存在である「鬼」が長らく物語の世界で私たちの心をつかんで離さないものであるということも指摘できるでしょう。

4 おわりに

今回ご紹介した例のように、よく知られている物語を教材とし、さらにビジュアル資料を使えば、古典の知識がなくても古典に親しむことは可能になります。ただ、児童・生徒に古典に親しんでもらうために最も効果的なことは、まずは授業者が古典を好きになることではないかと思っています。好きなものを語る「オタク語り」で授業を行えば、その情熱は聞き手に必ず伝わると実感しています。

STEP 2

第1部　入門編

和本への誘い方

総論

和本のポテンシャル――教材としての古典籍利用の可能性

佐々木孝浩（慶應義塾大学附属研究所斯道文庫）

1　はじめに

私は、漢字文化圏の書物を研究対象とする、世界的にも珍しい研究所である、慶應義塾大学附属研究所斯道文庫（しどうぶんこ）に所属し、主に日本の古典籍（こてんせき）（和本（わほん））について研究しています。和本は美術的な価値を有するものも多く、海外の図書館はもとより美術館や博物館などで所蔵されているものも少なくありません。それらの調査のための海外出張を行ってきましたが、所蔵先の方から和本についての説明を求められることが何度もありました。そうした経験を通して、和本が所蔵されている国々の方にも、和本について知っていただき、研究や教育にもっと活用していただきたいと考えるようになり、現地の方々の協力を得て、ワークショップや講演会を開催してきました。新型コロナの流行のためにオンラインになったものも含めると、欧米を中心に八年間で約二〇回開催しています。

ワークショップを数回開催したころに、慶應義塾大学が、国際的な大規模公開オンライン講座（MOOC＝Massive Open Online Course）のプラットフォームである、イギリスに本部を置くFutureLearnに加盟することになりました。たまたま制作会議のメンバーに選ばれ意見を求められた際に、ワークショップの内容をもとにする和本のコースを提案してみたところ、それが認められ、リードエデュケーターとして制作に関与することになりました。完成した

Japanese Culture Through Rare Books というコースは、二〇一六年七月から公開を開始し、現在に至るまで一七〇以上の国や地域の二五〇〇〇人超の方々が登録してくださっています。その続編として制作した、The Art of Washi Paper in Japanese Rare Books でもリードエデュケーターを務め、二〇一八年七月の公開以後、約七〇〇〇人に登録いただいています。

もちろん海外ばかりで活動してきたわけではなく、国内においても、中学生から大学院生・社会人を対象として、授業やワークショップ、講演会などを行ってきました。近年では、江戸川区子ども未来館のゼミ：結成ビブリオ団！の講師として、小学生に和本に触れてもらったりしています。このような経験を通して得られた知見をもとに、教材として古典籍を利用する方法などについて自分なりの考えを説明したいと思います。

2　和本の基礎知識

日本ほど古くて多彩な書物が膨大に現存している国は他にないのではないでしょうか。水害や火災などが頻繁に起こる国であるのに、我々の身近にも古い書物は存在しています。神保町は世界最大の古書店街と言われますが、京都や大阪・名古屋をはじめ全国あちこちに和本を扱う古書店は存在しており、ネットショップやネットオークション上でも、和本は日常的に取り扱われています。日本人は書物を愛し、作り続け、大切に保存してきたのです。和本を知ることは、日本の歴史や文化、あるいは日本人そのものを知ることにもつながることは疑いありません。和本を教材として利用する方法は無限なのではないでしょうか。

和本を教材として活用するには、和本の歴史、和本の基本的な形態、使用された紙である料紙（りょうし）のことなど、和本に関する基礎知識を身につけることが望ましいと思われます。

六世紀半ばの仏教伝来は書物の伝来でもあるとか、日本人最古の書物は、聖徳太子が推古天皇二二年（六一四）から翌年にかけて書いたとされる『法華義疏』であるとか、推古天皇一八年（六一〇）に、紙と墨の作り方をしっている高句麗僧曇徴が来日したとか、奈良時代に日本各地で漉かれた紙が正倉院に残っているとか、最古の印刷は宝亀元年（七七〇）に完成した百万塔陀羅尼であるとか、書物の出版は『御堂関白記』寛弘六年（一〇〇九）一二月一四日条に見える千部の法華経が記録の初例であるとか、刊行年の明らかな現存最古の本は、寛治二年（一〇八八）の『成唯識論』であるとか、日本人による活字印刷は文禄二年（一五九三）の『古文孝経』が最初だが現存していないとか、多色刷りの印刷は明和二年（一七六五）ごろから始まったなどなど、生徒や学生から質問されそうな、日本の書物史の基本的な事項は、抑えておいた方が望ましいのではないでしょうか。

この他にも、和本に関する基礎知識として、理解しておいた方がよいのは、基本的な装訂の種類でしょう。和本は、東アジア諸国の書物の中で、装訂や大きさと形、表紙の色やデザインなどが、多様であることに大きな特徴があります。そうなった大きな理由として、他の国々では版本が書物の中心であったのに対し、日本では印刷技術が伝わった八世紀以降も、写本の時代が長く続いたので、多様性を保ちやすかったことが考えられます。

和本の基本的な装訂は五種類あります。漢字の音読みに、時間差をもって日本に伝わった、呉音（六朝の呉）・漢音（唐）・唐音（宋以降）があるように、その時々の最新の知識を保存した書物が大陸から日本に伝来した際に、書物の作り方も伝わって日本で用いられるようになったのです。その五種とは、①巻子装・②折本装・③粘葉装・④綴葉装（列帖装）、⑤袋綴装です。

ここでは構造を示す図を提示するにとどめて［図1］、詳しい説明は省略しますが、簡単にこれらの特徴を整理すると以下のようになります。①〜③は紙をつなぎ合わせるのに糊を用い、④と⑤は紙に穴を開け、紙縒りや糸で綴じるものです。③〜⑤は冊子本と呼びうるもので、③・④は紙の両面を用いるもの、①・②は裏面を用いることもできる

①巻子装（かんすそう　scroll）
単位：軸

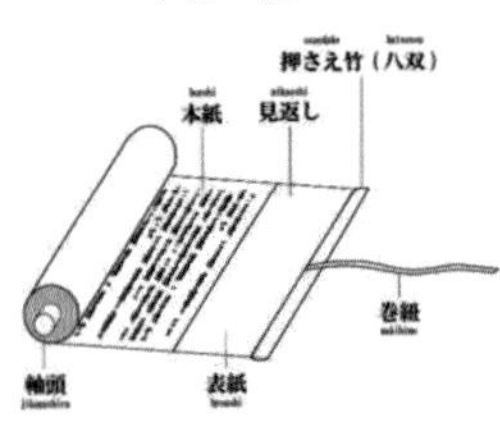

②折本装（おりほん　accordion book）
単位：帖

③粘葉装
（でっちょうそう　Pasted paper leaf book）
単位：帖

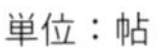

④綴葉装（てつようそう）
列帖装（れつじょうそう）
（multisection book）　単位：帖

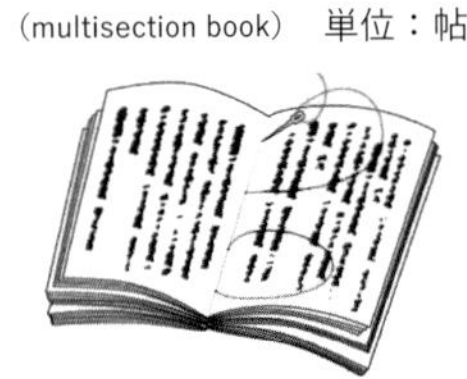

⑤袋綴装（ふくろとじ　pouch-binding）
単位：冊

図１　基本となる装訂の５種類

ものです。

和本の特徴は、これら五種の装訂が同時並行的に用いられた期間が長かったことにもあります。それは装訂が書物製作の目的に応じて使い分けられていたことによると考えられます。装訂とそこに保存される内容を調べると、装訂にはヒエラルキー（階層）が存在したことがわかります。特殊な用いられ方をした②折本装と、鎌倉中期以降あまり用いられなくなる③粘葉装を除外して考えると、最も格が高いのは①巻子装で、以下④綴葉装・⑤袋綴装の順になると思われます。また綴葉装内でも、長方形の四半本（よつはんぼん）の方が、正方形の六半本（むつはんぼん）よりも格が高いことは明らかです。

勅撰（ちょくせん）和歌集が下命者に奏覧される際には、巻子装で製作される慣例があったことは、巻子装の権威を端的に示す事例です。その巻子装には、詩歌や歴史物語等は保存されるのですが、作り物語や歌物語は基本的に保存されませんでした。紫式部（むらさきしきぶ）は『源氏物語（げんじものがたり）』を書いたために地獄に堕ちたとの説話が、平安末期には成立していた事実は、虚構である作り物語の当時の社会的地位の低さを物語っています。

綴葉装の四半本と六半本に保存される内容を、鎌倉時代に限定して比較してみると、巻子装にもなる歌書類は、四半の方が六半より圧倒的に多いのに対し、絵巻という特例を除き、巻子装にならない作り物語は、六半の方が四半より断然多いことが確認できます。また同じ歴史物語でも、『栄花物語』は六半が目立つのに対し、『大鏡』は四半ばかりで六半が確認できないという違いが確認できます。これは『大鏡』の方が『栄花物語』よりも物語性が薄く、史書に近いことと関係すると考えられます。こうしたことから、四つ半本の方が六半本よりも格が高いと判断できるのです。

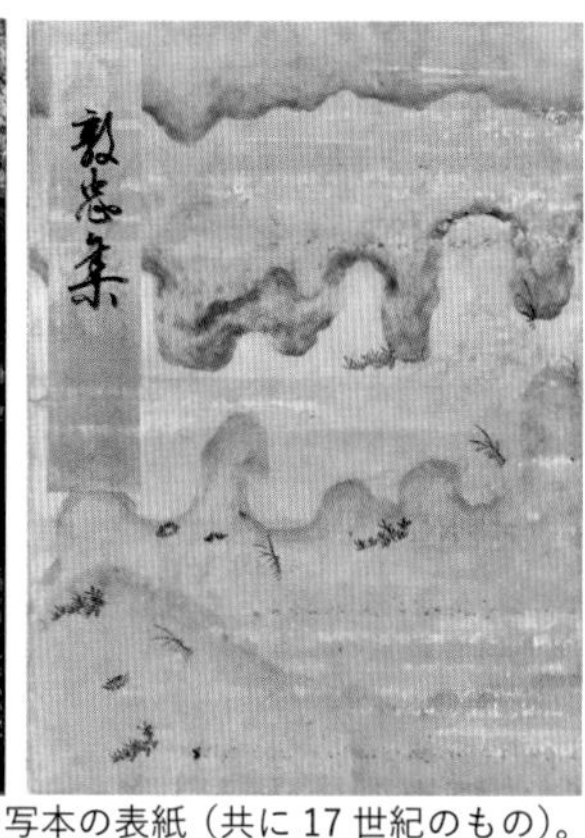
図2　和歌集（右）と物語（左）の写本の表紙（共に17世紀のもの）。以下、所蔵先の明記がないものはすべて架蔵。

　また綴葉装と袋綴装の内容を、室町時代以前に限定して比較してみると、『源氏物語』や『伊勢物語』は圧倒的に綴葉装が多く、軍記物語は袋綴装の方が断然多いことが判明します。文化圏や受容層の違いに起因する傾向かと考えられますが、綴葉装の方が袋綴装よりも格が高いことが理解できるのです。

　このような傾向を確認していくと、装訂の選択には、法則的なものが存在していたらしいことが浮かび上がってきます。そうした書物に関する法則の一つの例として、鎌倉時代の書道伝書に見える、表紙の題名である外題の位置に関する決まりを上げることができます。歌書は左肩に、物語は中央に書くというもの［図2］で、公家文化を伝える書物では、江戸時代になっても守られることが多かったことも判明しています。この位置の違いが何を意味しているのかを考えると、巻子装の外題の位置が関係していることが理解できます。巻子装の表紙を広げて裏から見ると、外題は左肩の位置になります。つまり外題が左にあるものは、巻子装に保存されうる内容で、真ん中は巻子装に保存されない内容であることを示していると考えられるのです。

書物が単なる文字や図絵などのテキストを保存するための道具ではなく、当時のさまざまな情報を保存したタイムカプセルであることを、以上のような情報からも理解していただけるのではないでしょうか。教材としての活用法が無限であるというのは、こうした理由からなのです。

3　教材としての和本の選択

和本を教材に利用する際に悩ましいのが、どのような和本を用いるのかという問題でしょう。選択肢が多すぎるのも困りものです。教科書にもよく取り上げられる『伊勢物語』の和本を使用するとして、手元に使用可能な和本があるのならば悩まなくてもよいかもしれませんが、画像を利用するということだと候補があまりにも多いのです。

貴重な図書の画像のデジタル公開は、世界的な流行ともいえる状況にあり、すさまじい勢いで日々その点数は増え続けています。世界中で発信される日本文化に関する情報一〇〇万件を検索できる「Cultural Japan（カルチュラル・ジャパン）」や、書籍・公文書（こうぶんしょ）その他の日本が保有するさまざまな分野のコンテンツのメタデータを検索できる「ジャパンサーチ」、複数の機関が所蔵する古典籍の情報を一度に検索できる、国文学研究資料館の「国書データベース」や、立命館大学アート・リサーチセンターの「ARC古典籍ポータルデータベース」、東京・京都・奈良・九州の四国立博物館と奈良文化財研究所の所蔵品を検索できる「ColBase（コルベース）」などの、横断検索システムや、国立国会図書館や早稲田大学図書館などで公開されているデジタルコレクションなど、国内に限っても選択に困るほどの検索

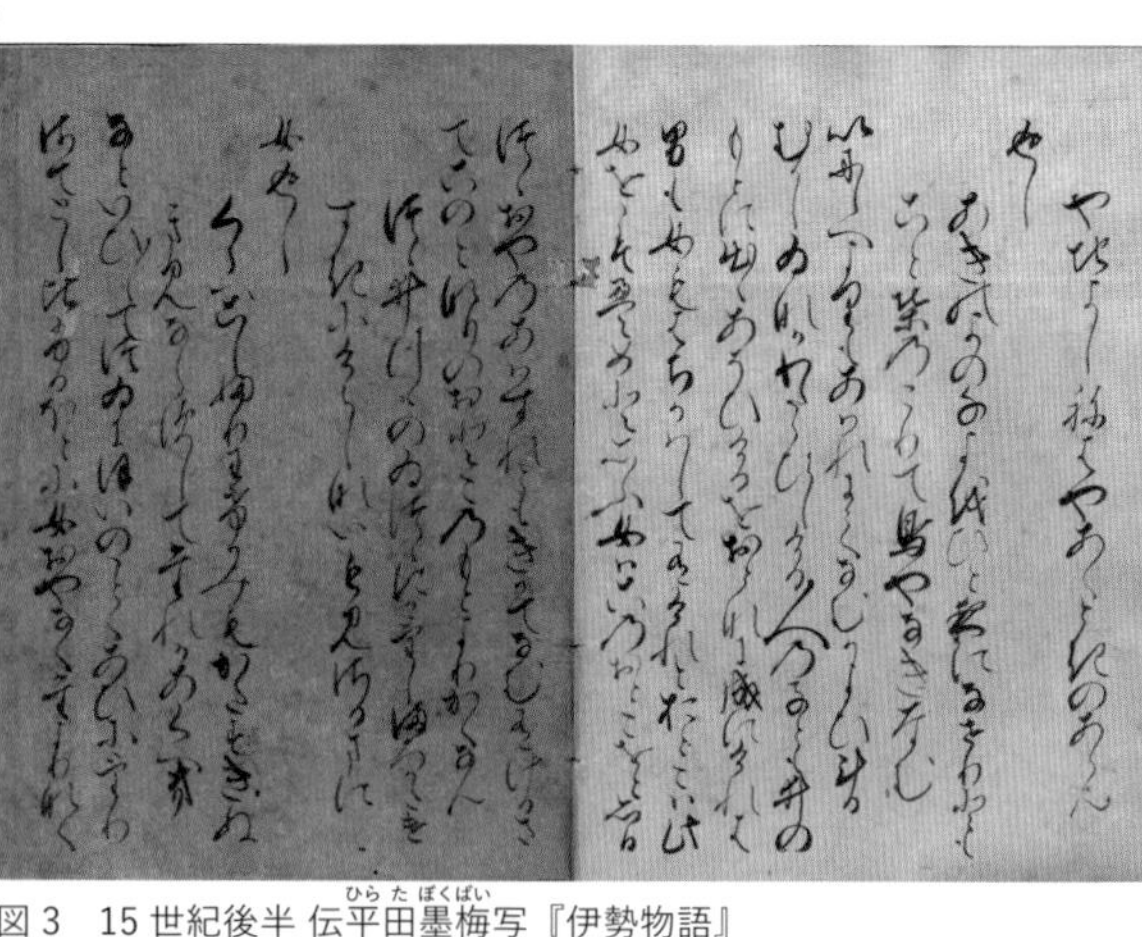

図3　15世紀後半 伝平田墨梅写『伊勢物語』

方法があります。海外のサイトで公開されている和本も少なくなく、欲する情報にたどり着くのにローマ字検索が効率的だったりします。

これらを活用して、利用できる『伊勢物語』の候補を探すとちょっと信じられない数になります。そこから絞り込むのも大変な作業です。そもそも写本を利用するのか版本にするのか。対象となる学年や目的によって、選び方は当然変わってくるでしょう。どちらにも内容理解の助けになり、親しみを感じさせる挿絵入りのものがたくさんあります。個人的には、くずし字の基礎を学ぶには、室町時代に文字の上手な公家やその周辺の人物が写したものが適しているように思います〔図3〕が、版本は句読点的なものや濁点が入った読みやすいものも少なくありません。一つに絞るのではなく、さまざまな本の同じ箇所を比較しながら用いるのも、多くの発見をもたらし、理解を深めるのによい方法だと思います。豪華な写本の極彩色の挿絵と、版本の墨線のみの挿絵を比較するのも楽しいと思います。新型コロナの流行の副産物ともいえる、教室におけるICT（情報通信技術）環境の急速な整備によって、かつては不可能であったり準備が大変であったりしたことが、簡単に実現できるようになったのです。

デジタルのみでは味気ないのは確かです。実際に触れた方が楽しく、興味も増すのは疑いありませんが、読む対象とするものと、手で触れるものが同じ作品である必要はないと思います。極端な例ですが、何も書いていない新しい和紙をさわるだけでも、質感をイメージするのに役立つのではないでしょうか。

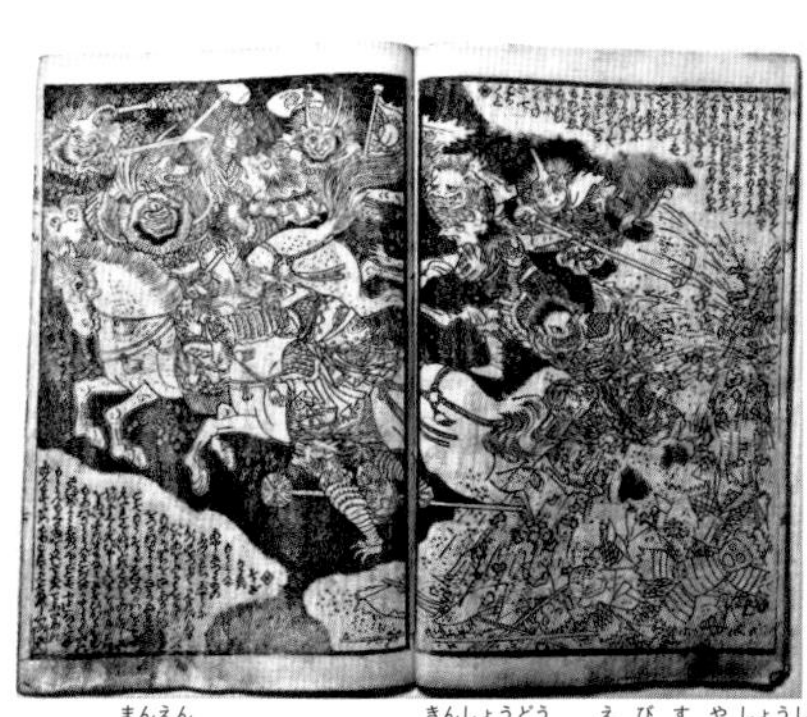

図4　万延2年（1861）錦昇堂（恵比寿屋庄七）刊、楽亭西馬訳・歌川芳虎画『弓張月春廼霄栄』19編の表紙と本文

ともかくも、くずし字を読みたいという気持ちをもってもらうことが大切ですので、そういう気持ちをかき立てそうな和本を導入部で紹介するのがよいでしょう。今日世界的に人気のある日本の漫画ですが、江戸時代の絵入り版本を眺めていると、漫画がこんなにも発達したことも理解できるような気がします。特に草双紙の最終形態である「合巻」などは、見た目や内容的にも、漫画の直接的な先祖といえそうなほどです。くずし字のテキストとしては上級者向きとなりますが、くずし字が読めるようになるとこんな本も楽しめるようになるよと、楽しそうな合巻を紹介する［図4］のもよいのではないでしょうか。

4　和本は歴史の生き証人

和本はくずし字のテキストとなるだけではありません。保存されたさまざまな情報を取り出すことによって、国語のみにとどまらない、多くの教科で利用することも可能なのです。

江戸時代前期の一七世紀には、大名家の姫君の嫁入り道具として作られたと思われる豪華な写本が目立ちますが、中期の一八世紀になると急に少なくなります。これは参勤交代やお手伝普請、米価下落などによる、江戸中期以降の藩財政の逼迫が関係するのかもしれません。

あるいは、同じ作品の版本なのに、表紙がモノトーンのものとカラフルなものとの二種あるものが存在していたりします。山東京山作・歌川国芳画の『朧月猫の草紙』三編がその例です。その刊行年を調べると、モノトーンのものは天保一六年（弘化元年〔一八四五〕）で、カラフルなものは弘化四年と、三年の差があることがわかります。元号を見るとピンとくるかと思いますが、これは幕府財政の健全化を目的として、老中水野忠邦によって天保一二年から翌年にかけて行われた、いわゆる天保の改革の影響による変化であると考えられます。

これ以前の松平定信による寛政の改革の影響で、勧善懲悪の物語が増えることもよく知られています。和本を通して幕政改革が庶民に与えた影響を、具体的かつ視覚的に感じることもできるのです。日本史の授業などでの利用も可能なのではないでしょうか。

ローマ字は小学校三年生で習うようですが、その際に大英図書館に所蔵される、一五九二年に天草で刊行された『平家物語』の画像を見てもらうというのはいかがでしょうか。国立国語研究所が提供している、デジタル画像を利用することが可能です（https://dglb01.ninjal.ac.jp/BL_amakusa/）。見るからに西洋の書物然として、すべてアルファベットで印刷されているのに、読めるばかりではなく、内容を理解することができることに興味を持ってもらえるのではないでしょうか。例えば扉部分〔**図5**〕の横文字は、カタカナに直すと、「ニホンノ／コトバ ト／ヒストリア ヲ ナライシラント／ホッスル ヒト ノ タメ／ニ セワ ニ ヤワラゲ タ／ルヘイケ ノ モノガタリ」と印刷されています。小学生には難しいでしょうが、こんなに古くからローマ字があることを知るのは、無意味なことではないでしょう。より上級生に向けてということになりますが、「FEIQE」とあることから、ハ行の発音が現在と異なっていたという、国語学的な知識につなげることもできますし、ローマ字の訓令式とヘボン式の違いの説明にも利用できるかもしれません。

文系の科目ばかりではなく、理系の科目で和本を利用することもできるのではないでしょうか。小学生向きとして

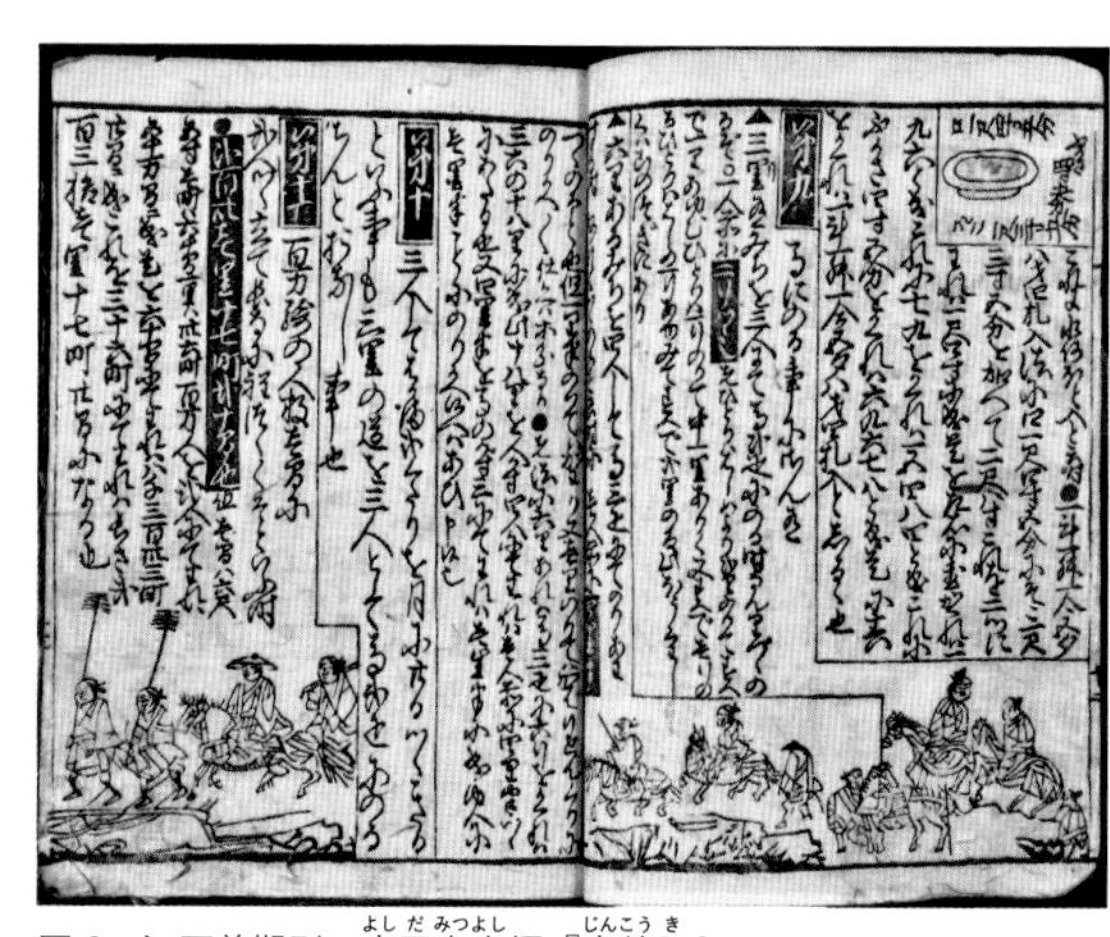
図6　江戸前期刊　吉田光由編『塵劫記』

図5　1593年刊　天草版『平家物語』（大英図書館蔵）

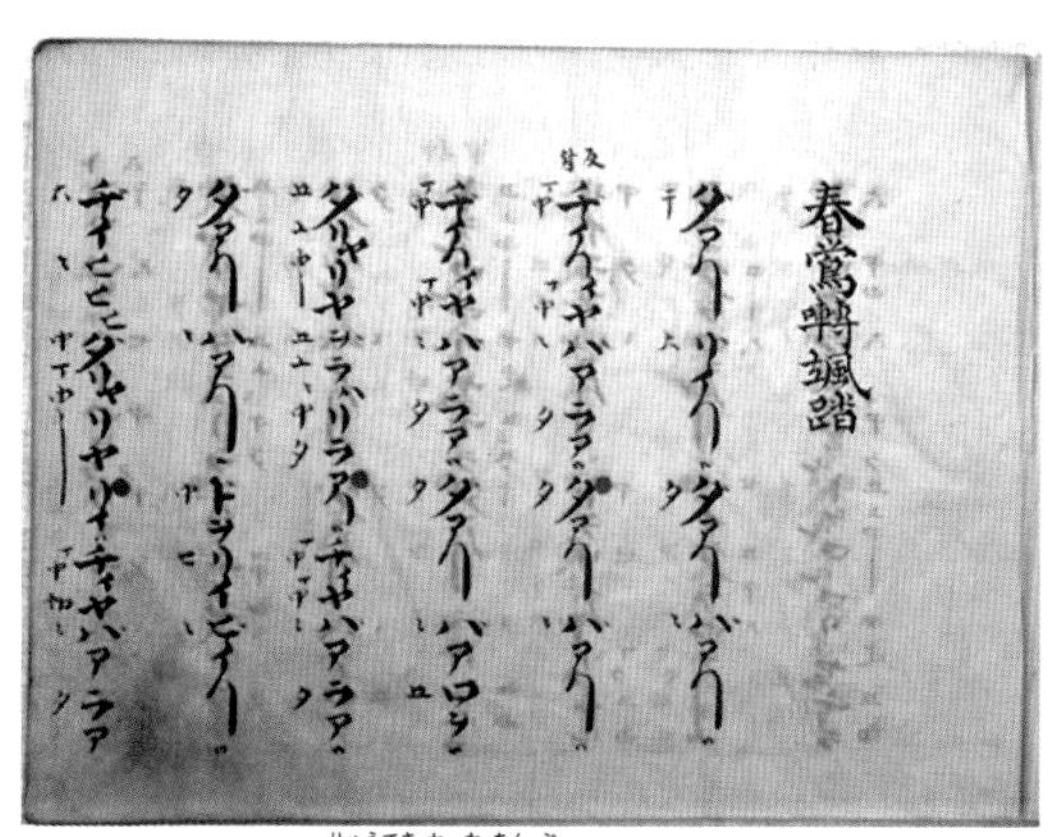

図7　江戸中期写『龍笛仮名案譜』

は、江戸時代の大ベストセラーだった、吉田光由編の『塵劫記』が最適でしょう。大変多くの種類がありますが、江戸前期のものは挿絵がかわいくてとても親しみやすいと思います［図6］。「▲三里有みちを三人にて馬弐疋にのる時なん里づゝのるぞ」などの簡単な問題もあります。問題を実際に解かなくても、何百年も前の日本人が、このような本で算数を学んでいたと知るだけでも、学習意欲を刺激してくれるのではないでしょうか。

学習に大切なのは、それを学びたいと思う意欲だと思いますが、そういう気持ちを起こさせるきっかけとして、和本は利用できると考えるのです。音楽の楽譜について説明する際に、雅楽で使用されていた楽譜を見てもらうのもよいかもしれません〔**図7**〕。両者の違いを通して、東西の音階の違いについて学んだりできるのではないでしょうか。視覚的な刺激は理解を進めるのにもきっと役立つはずです。

内容によっては、地域教育にも活用することが可能でしょうし、和本に用いられた和紙は江戸時代には全国的に生産されていましたので、身近な産地について学んでみるのもよいかもしれません。全国手すき和紙連合会のホームページで公開されている、「全国産地マップ」は参考になります。

保存されている内容が多岐にわたっているので、どんな教科でも何らかの接点を見つけることはできるのではないでしょうか。あまり限定して考えず、教える側も和本に親しみながら、楽しく教材として使えそうなものを見つけていけばよいのではないでしょうか。

5　おわりに

和本は日本の貴重な文化資源です。日本ほど古い書物が豊富に存在する国は他にないのです。書物は文化のタイムカプセルであり、保存された文字や絵画の情報だけでなく、物質としての存在自体に非常に膨大で多面的な情報が保存されているのです。そのことを理解することは、子どもたちの将来の仕事や学問、あるいは生活において、きっと役に立つはずです。授業の教材として和本に触れることは、その教科の学習意欲や探求心を増すことはもちろんのこととして、人として幸福に生きていくための知恵を育てることにもつながるのではないでしょうか。日本の書物文化を知っていることが、国際社会で活動する上で役に立つことは、私が身をもって経験しています。

和本は日本の教育を楽しく豊かにし、ひいては日本の社会や文化に憩いや潤いをもたらす存在だと確信しています。どうぞそのポテンシャルを存分に引き出してみてください。

実践1

貴重書出前授業が伝えてくれたこと

近江弥穂子（横浜市立あざみ野第一小学校）

1　はじめに

体験することが少ない今の児童にとって、学習する際に自分事として捉えたり、自分に近づけて考えたりすることはなかなか難しいのが現状です。授業支援で、模造紙で作った巻物を児童に紹介しながら、「ここで本物の巻物を児童に提示することができたら」と常々思っていました。くずし字の授業支援でも、写真ではなく、くずし字が書かれている実物が目の前にあれば教育効果が大きいのではないかと考えていました。そんな折、普通であればガラスケース越しでしか見ることができないような和本（わほん）に児童がじかに触れることができ、また『解体新書（かいたいしんしょ）』などの貴重書を間近に見られる授業が鶴見大学からのご支援で可能となりました。これは児童にとって得がたい体験となり、大きなチャンスでもあります。ここでは国語のくずし字の学習と貴重書出前授業についてご紹介させていただきます。

2　くずし字学習について

横浜市では六年生で、「仮名の由来」という一時間の単元でくずし字の学習をします。この単元では、①仮名の由来、特質などについて理解することができる、②先人たちが工夫を重ね継承してきた文字や表記を児童たちが大切に考え、未来に伝えていこうとする態度を持つことができること、の二点が指導目標です。実際、学習後の児童の感想には、「自分の名前をくずし字で書くのが面白かった」、「由来が知れてよかった」、「読めて、意味がわかりそうで、なんかかっこいいと思う」等がありました。授業後にはテストも含めて自分の名前をくずし字で書く児童もいたそうですが、指導目標の②にあるようなところまではなかなか難しいのが現状です。

しかし、ここで教科書の写真ではなく和本に触れる機会があれば、子どもたちの感想は大きく変わるのではないでしょうか。和本の実物は、和本バンクも利用できますし、学校図書館に和本を所蔵するというのもよいかと思います。例えば首都圏では、神田等などの良心的な古本屋さんで五〇〇円ほどから和本を購入することができます（通信販売も可能です）。また、興味をもったタイミングで、古典教材を提示できれば、子どもたちは意欲的に取り組むことができ、古典が苦手と思う前に「楽しい」という記憶を手に入れることができるのではないでしょうか。そして、大学や博物館など他の教育機関との連携も大変有効な手段となります。

3　鶴見大学貴重書出前授業について

私がこの出前授業に出合ったのは、二〇一五年に鶴見大学の図書館で開催された学校図書館大交流会です。会の終わりに、貴重書出前授業の紹介と次年度の訪問先を募るというお話を伺いました。当時勤務していた学校は六年生が六クラスでしたので、大規模校の実践例としてなんとかご訪問いただけないかと手をあげたのがご縁の始まりです。そして二〇一五年から一七年までは横浜市立森の台小学校にて、二〇一八年から一九年は横浜市立藤が丘小学校にて、五年にわたり実施、コロナ禍で中止となりましたが、今年度（二〇二二年度）、当校で三年ぶりに実施できました。

出前授業を効果的に実施するためには、児童に身につけさせたい力を大学と小学校の間で共有し、児童の実情に合わせて授業の内容をコーディネートしていくことが必要です。最初の年は、大学の方に事前に小学校に来校していただいたり、私も大学図書館に赴き、実際に貴重書が所蔵されている場所を拝見したりして、大学の方と何度か打ち合わせをしました。児童がすべての和本にあたれるよう、大きな教室を確保し、見る本（貴重書）とさわる本（和本）に分けてブースを計八つ設置し、各ブースに大学側より担当者（大学院生など）を配置いただき、説明や質疑応答していただくことにいたしました。児童は八班に分かれ、一ブースは四分程度とし、班ごとにすべてのテーブルを回ります。また、百人一首、地名、鉄道や幽霊など児童が関心をもちそうなテーマをお伝えし、他には、横浜市では吉田新田の学習をするので古地図をぜひにと依頼しました。そして巻子本のテーブルを設置し、全員が巻子本を使って見方を体験できるようにお願いしました。その結果、見る本としては、解体新書・御成敗式目・パピルス・クレイタブレット・横浜近辺の古地図・奈良絵本・羊皮紙・与謝野晶子直筆原稿等などを、さわってみる本には、巻子本・写本・近世版本・絵入り本・一枚物・畳物・近代版本・活版本・近代新聞雑誌・銅板鉄道路線図、百人一首等などをお持ちいただくことになりました。和本作りは、事前に担任の先生方に和本を実際に作ってもらい、当日は教室で担任主導にて行うことになりました。

最初に説明を受けている様子

一枚ものブースで分／間　懐宝御江戸絵図をみているところ

巻子本の見方を教わっているところ

課題は短い時間でいかに児童がその場にあるものを吸収できるかです。担任の先生方と相談して六年生全体で事前に予習授業を行いました。鶴見大学からの資料をもとにスライドで児童に趣旨を説明し、本の形態の変遷、紙・文字・書物等の日本への伝来の歴史、写本と版本、当日見る和本、実際に和本が所蔵されている様子等をそれぞれ紹介しました。その和本が写本なのか版本なのか、読めるところはあるか等、当日考えてみてほしいことも伝えました。こうして事前学習をすることで、児童が出前授業に向けて心の準備ができるようになりました。

実際に行われた一クラス二時間の出前授業ですが、一時間目は大学の先生のお話を伺い、手を洗ってから、実際に貴重書を見たり和本をさわったりしました。児童は和本や羊皮紙の手触り、匂いに驚き、巻子本では開く時に生じるミシミシする音やその手触り、巻く難しさを体験できました。虫が紙を食べることにも驚いていました。百人一首の中で覚えている句を探し、読もうとする姿も見られました。いずれのテーブルでもなんとか読もうとする姿と、読めた喜びを感じている様子でした。書写と版画の経験から、写本や版木の字の細かさに、ただただ、「昔の人の技術や才能がすごい！」と驚いていました。

二時間目は、和本（粘葉装）作りです。和紙に塗る糊の量の加減が難しかったり、ページの順番を逆にしてしまったりする姿も見られました。

出前授業後の児童の感想には、「貴重書を読むことは昔の人の生活や思いを紐解くことだと思った」、「歴史は好きではなかったけど、もっと昔の本や歴史について調べたい」、「昔の本はこんなにも美しくて繊細な技術を使って作られたものだと思った」、「災害や戦争もあったけど昔からずっと大切にして今日に伝えてくれる人がいたからこそ見ることができるんだと改めて実感できた」、「昔の本を大切に残していきたい」、「和本作りを昔の人の気持ちになってやってみることができた」などがありました。

4　貴重書出前授業を通して言えること

実物の紙の質感、色合い、風合い、匂いは資料集では味わえないものです。自分事として捉えることが難しかったことが、和本に触れることで子どもたちにとって身近な存在になったのは間違いありません。苦手だと思っていた歴史が好きになったというコメントもありました。貴重書という時を超えてきた存在から歴史をじかに感じ、昔の人が今日まで守り伝えてきたことを目の当たりにすることで、自分たちも「知りたい」「大切にしたい」と思うことができたのです。こちらが意図したこと以外にも子どもたちはそれぞれの視点でたくさんのことを感じていました。今後、中学校で向き合う古典や歴史などにも苦手意識を持たずにあたれるようになると思います。実際、中学生になって歴史を学んだ際に、「六年生でみたあれはこれだったんだ」と、出前授業の経験について語っていたと保護者の方に伺いました。また、学校に出前してもらえることで、五年生以下の児童も六年生の担任以外の教職員もインスパイアされました。そして、普段接する機会のない大学の教職員の方や大学院生がじかに質問に答えてくれる体験も貴重で、児童のキャリア教育にもつながる可能性もあります。

5　おわりに

昔の人が書いたものに触れた！　読めた！　という経験は児童にとって大きな感動です。感動は心を動かします。小学校でこそ、和本を見て、触れることのできる経験は歴史や古典への興味を深め、何より次の学びへの大きな原動力につながると言えるでしょう。他の教育機関との連携や、自校の学校図書館に和本を所蔵する、手軽に使える古典教材を利用する等、和本に触れたり、くずし字を読んだりする方法はさまざまです。学校図書館は人と資料をつなぐ場所でもあります。先生方の「授業ですぐ使いたい」、「やってみたい」に応えられるよう、児童が興味をもったタイミングでそれらを効果的に提供できるよう、これからも尽力していきたいと思います。

実践2

古典籍無償貸出プロジェクト「和本バンク」のすすめ

加藤弓枝（名古屋市立大学）

同志社大学古典教材開発研究センター（以下「センター」）では、有志から明治時代以前の和本（日本の伝統的な装訂で作られた書物）を募り、寄贈された書物を、授業での使用を検討している小学校・中学校・高等学校・高等専門学校の教員へ無償で貸し出す「和本バンク」のプロジェクトを、二〇二一年十一月より試行的に開始しました。ここでは、取り組みの背景・経緯、利用方法等について紹介します。

1 「和本バンク」開始の背景と目的

「和本バンク」の取り組みは、二〇二一年度日本近世文学会春季大会のシンポジウムにおいて、山田和人センター長の「古典教育に学会は何ができるか」という発表で、呼びかけを行ったことを契機として始まりました。

センター長の「子どもが古典籍に触れる経験は教育的効果が高く、雑本・端本でもその効果は薄まらない。教育現場で活用できる和本をご提供いただきたい。」という呼びかけに、賛同者からセンターへの和本の寄贈が続き、現在までに百点以上の和本が集まっています。当初は「雑端バンク」と命名し、蔵書整理を行っていましたが、作業が一段落し実際に試行的に運用を開始するにあたり、名称をより一般的な「和本バンク」と変更しました。

寄贈書の内容は、教科書に載っている古典文学、漫画の元祖とも呼ばれる草双紙、江戸の古地図、昔の子どもが実際に遊んだ双六、明治の教科書など、学術的なものから遊戯的なものまで多岐にわたります。寄贈された和本の内容からも分かるように、教科書に載っている文学作品は、古典と呼ばれるもののごく一部であり、古典とは大海のごとく深くて広いものです。

「和本バンク」は、ガラスケース越しではなく、実際に和本を手に取り、めくってみたり、匂いを嗅（か）いだり、意外な軽さや重さを実感したりすることで、一人でも多くの子どもに、和本を身近に感じてもらい、古典という過去の遺産をリアルに受け止める体験をしてもらうことを目的としています。

2 「和本バンク」を活用した授業実践例

二〇二二年三月には、名古屋大学教育学部附属中学校の協力を得て、新型コロナウイルス感染症の感染予防対策を取った上で、「和本バンク」を活用した特別授業を、センター研究員でもある加藤直志さん（同校）に加え、外部講師として三宅宏幸さん（愛知県立大学）・筆者（名古屋市立大学）が中学三年生の国語の授業時間に実施しました。授業内容は、加藤直志さんによって実践3「実際の和本を利用した出前授業」に詳しくまとめられていますので、ここでは授業者として感じたことを簡単に報告したいと思います。


特別授業の当日は、古典に親しんでもらうこと、古典への興味関心を高めることを目的に、グループごとに異なる和本を配付し、文字・挿絵・大きさ・重さ・紙という五つの観点から、現代の書物との相違点と共通点を考察してもらいました。また、くずし字で書かれている和本の内容についても書名や挿絵などをヒントにまとめてもらうことに。授業の後半にはグループごとの発表時間を設けましたが、生徒たちの鋭い考察に舌を巻きました。

同校ではくずし字資料を用いた特別授業を以前より実施していますが、本物の和本が持つ効用でしょうか、いずれのグループも例年より課題の考察が詳細でした。例えば、多色刷りの古典籍を観察したことで現代の染料との発色の違いに言及したり、和本の軽さや丈夫さから和紙の優位性に踏み込んだり、実際に手に取ったからこそ気付ける意見が次々と出され、外部講師の二人はオンラインでの参加であったにも関わらず、生徒たちの活気を対面時のように感じることができました。

3 「和本バンク」の利用方法

「和本バンク」の利用申込方法は、同志社大学古典教材開発研究センターのWEBサイトの「和本バンク」https://kotekiri20.wixsite.com/cdemcjl〔図1〕のページにある「問合せフォーム」からご利用希望である旨をご連絡いただくだけです。申し込みを受けて、センター研究員が貸出可能リストをお送りします。ご利用者には、その和本リストのなかからご希望の和本をお選びいただきます。

持続可能な運営を目指していることから、現在よりも利用者が大幅に増加した場合には、送料を負担いただくことになるかもしれません。しかし、和本の貸出自体は無償とするなど、教育機関の負担は可能な限り抑える予定です。

先に述べた通り、「和本バンク」に所蔵される和本は、国語の教科書に掲載される『竹取物語』『伊勢物語』『源氏物語』『徒然草』『百人一首』といった著名な古典文学作品をはじめ、草双紙・地図・双六や浮世絵といった多分野にわたります。

本書刊行時点までに、関東・東海・関西地区の複数の小学校・中学校・高等学校の先生方からご利用いただきましたが、事後アンケートでは次のような感想を頂戴しました。

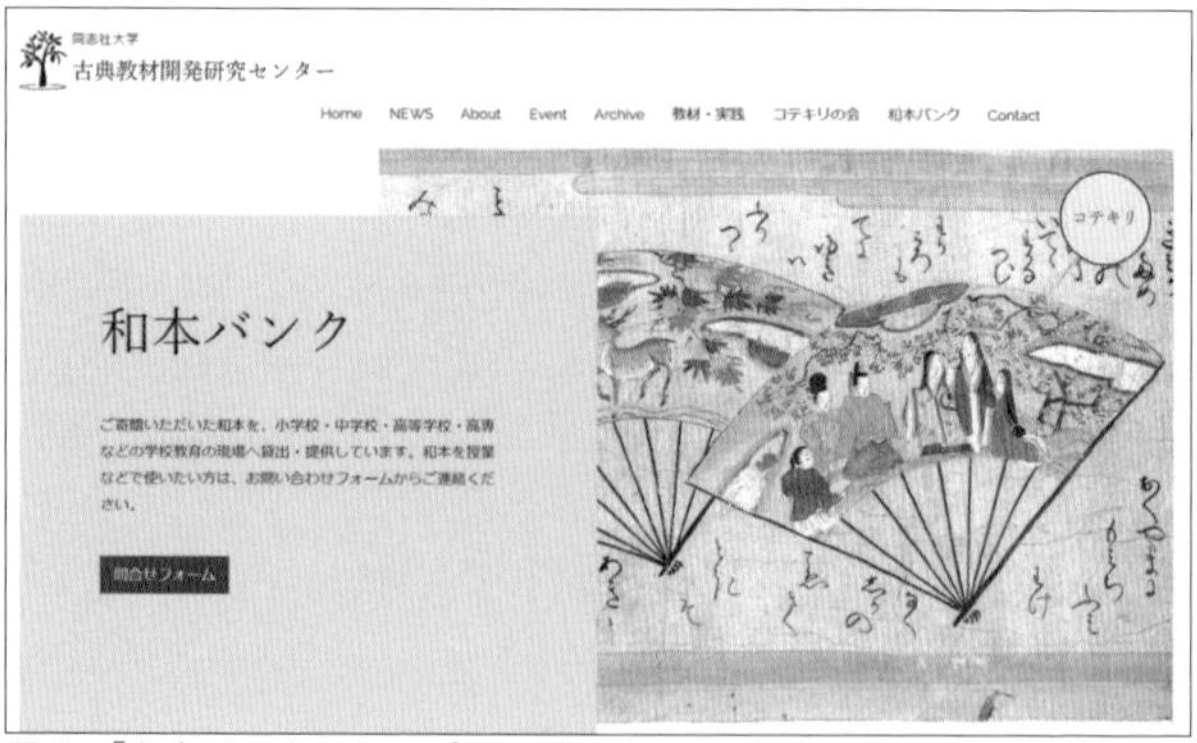

図１　「和本バンク」トップページ

(1)国語の仮名の由来で使用しました。子どもたちは想像以上に興味深々でした。竹取物語はちょっと読めた！　と喜んでいました。実際に本物に触れることでその時代にタイムスリップしたようでした。（小学校教諭）

(2)三代和歌集の授業にて利用しました。学びのあとに和本を出すと、本当に驚いた様子で、優しく手に取ってめくったり、匂いを嗅いでみたり、一部分に読み取れる文字を見つけて興奮したりしていました。（中学校教諭）

⑶初めて和本に触る生徒がほとんどであり、「読めない！」「案外読める！」「軽い！」など、様々な反応をしていました。三年生は竹取物語や徒然草の冒頭、また仁和寺（にんなじ）にある法師などを昨年度学んでいたため、該当箇所を示してあげました。中にはその部分を読むために授業後に「もう一度見せてください」と来てくれる生徒もおりました。（中高一貫校教諭）

4　古典教材の未来を切り拓く！＝コテキリ

山田センター長は、自身のＳＮＳ（TwitterやFacebook等）で「和本は過去・現在・未来をつなぐタイムカプセルだが、そこに存在するだけなら文化遺産である。しかし、それが活用されると文化資源となる。」と発信してきました。センターでは、「古典教材の未来を切り拓く！」研究会（通称「コテキリの会」）を年二回開催していますが、今後も和本（やそこに記されたくずし字）が文化遺産・文化資源であることを忘れず、その価値を教育の現場で問い直し続け、成果を研究集会などで公開していきたいと思います。

「和本バンク」などの活動を拡げるには、現場の教員の協力が欠かせません。現在センターでは、和本の専門知識を持ち合わせない授業者でも手軽に利用できるような教材を開発しており、「和本バンク」についても、より利用しやすいシステムに改善していきたいと思います。また、教材データを共有し、相互利用できる教材データバンクを構想中であり、本書の刊行をきっかけに、今後も和本やくずし字を用いたモジュール教材を開発していきたいと思います。

コテキリの会への参加者は回を重ねるごとに増加していますが、センターによる活動の認知度は高いとは言えません。しかし、着実にその輪は広がりつつあります。今後も当センターでは、教員のみならず、学生や院生、研究者、司書、学芸員、出版社、一般の人々と一緒に、古典教材の未来を切り拓いていきたいと考えています。

実践3

実際の和本を利用した出前授業

加藤直志（名古屋大学教育学部附属中・高等学校）

1　はじめに

ここでは、二〇二二年三月に、名古屋大学教育学部附属中学校で三年生を対象に行った、和本バンクを利用した出前授業の実践報告を紹介したいと思います。

和本バンクとは、同志社大学古典教材開発研究センターが試行的に運用しているもので、有志から寄贈された明治時代以前の和本を、授業での使用を検討している小学校・中学校・高等学校・高等専門学校の教員へ無償で貸し出し、より多くの児童・生徒に、直接、和本を手に取ることのできる機会を提供しようという活動です。

新型コロナウイルスの影響で、和本のみを事前に郵送してもらい、外部講師の二人（加藤弓枝・三宅宏幸）はオンラインで参加するという形での実施となりました。

2　授業の展開

教科書に載っている古典は、ごく一部にすぎないということを生徒たちに理解してもらいたいと考え、物語や和歌などのいわゆる「古典文学」には限定されない、さまざまな分野の和本を用意しました。くずし字で書かれているものも多かったのですが、そうでないものもありました。

クラスを一〇個の班（各班三～四名）に分け、一〇種類の和本を用意し、同一ジャンルの本を二つの班にそれぞれ一点ずつ配布しました（［表］参照）。あわせ

［表］各班に配布した和本

班	和本	分野
1班	『竹取物語』	教科書所収の古典
2班	『平家物語』	
3班	『姿百人一首小倉錦』	和歌関係
4班	『新古今和歌集』	
5班	『仮名読八犬伝』	合巻（江戸の絵本）
6班	『偐紫田舎源氏』	
7班	『植物小誌』	明治の教科書
8班	『物理学初歩』	
9班	『懐宝御江戸絵図』	地図・双六
10班	『五拾三駅独案内』	

て、ワークシートとくずし字一覧表も配布しました。

導入（一〇分間）では、三宅が、授業のねらいを説明し、加藤弓枝が、和本を扱う際の注意事項（手を洗う、装飾品は外す、筆記用具は鉛筆、両手で丁寧に扱う、本は重ねない、水平で清潔な場所に置く、一枚ずつ丁寧にめくる）について説明しました。和本はくずし字で書かれているものが多いという点も確認しました。

展開①（一五分間）では、各班で相談しながら、自分たちの班が担当する和本について、観察・分析してもらいました。ワークシートに従い、五つの観点（文字・挿絵・書物の形（大きさ）・書物の重さ・紙）において、現代との共通点・相違点を見つけながら、何が書いてある本なのか最後にまとめてもらいました。生徒たちは、和本を手に取りながら、じっと黙って考え込んでいましたが、数分間の後、いろいろと相談する声が聞こえるようになりました。

展開②（一五分間）では、ワークシートに記入した内容をクラス全体に発表することで、他の班がどのような和本を扱っていたのかについて情報を共有しました。すべての班に発表してもらうだけの時間がなかったため、例えば、一班と二班のうちのどちらか、というように、各ジャンルから一班ずつ、合計五つの班を加藤直志が指名しました。各班の代表生徒による報告の後、外部講師が解説を加えるという形式を五回繰り返しながら授業を展開しました。

一・二班は、教科書でもおなじみの物語でした。『平家物語』には、富士川の戦いの場面の挿絵が含まれており、ちょうど、二〇二二年の大河ドラマ「鎌倉殿の13人」でその場面が放送されたばかりだったこともあり、ドラマを見ている生徒は特に関心を持ったようでした。三・四班は、和歌関係でした。『新古今和歌集』はとても小さな本でしたが、その精密さに生徒たちは驚いていました。五・六班は、合巻（江戸時代の絵本）。

使用した和本の一例『平家物語』
（同志社大学古典教材開発研究センター蔵）

使用した和本の一例『偽紫田舎源氏』（多色刷）
（同志社大学古典教材開発研究センター蔵）

生徒たちは、多色刷りの鮮やかな色彩に魅了されていたようでした。七・八班は、明治時代の理科の教科書でした。理系分野について書かれた和本についても生徒たちに知ってほしいと考えて選定しましたが、生徒たちは「物理の内容が難しくてわからない」と困惑気味でした。九・一〇班は、地図や双六でした。いわゆる冊子体ではなく、現代の概念では「本」とは呼ばないものでしょうが、生徒たちは知っている地名に関心を寄せていました。

終結（一〇分間）では、まず、加藤弓枝が、和本の長所について解説しました。次に、三宅が、表紙をつなげると一枚の絵になるという合巻の特徴が現代のマンガ本にも受け継がれていることを指摘しました。『偐紫田舎（にせむらさきいなか）源氏（げんじ）』を担当した六班の生徒が、この解説を聞きながら実際に表紙を並べて確認していたのが印象的です。さらに、三宅が、古くからあるものなのだが現代の我々にとっては未知の情報が多いこと、地震の研究なども含めると理系分野においても古典籍が注目されていること、教科書に載っているものは古典の一部にすぎないこと、世界の多くの国が自国の古典を大切にしていること、といった古典を学ぶ意義についてまとめました。

最後に、江戸後期の名古屋周辺の絵図をスライドで紹介し、昔の地図が災害予測に役立つ面もあることなどを指摘し、過去について知ることは現代にも関わることであり、未来にもつなげていくべきものであるということを三宅が力説しました。

授業後、生徒たちからは、「なにがかいてあるかはわからなかったけど、紙の手触りとか重さとか、さわらないとわからないことがわかってよかった」、「教科書では内容しか知ることができなかったが、実物を見ると、色付きの挿絵があったり、材料が和紙であるため軽いといったことを新たに知ることができてかたくるしい、といった観点から視野が広がった」などの感想が寄せられました。本実践を通して、内容の詳細がわからなかったとしても、手触りなどを通して、古い書物の価値や魅力を生徒たちに伝えることができたと考えています。

3 和本の可能性

従来の古典教育においては、書かれている内容を正確に読み取ることが重視されてきました。その重要性は今後も揺るがないでしょうが、一方で、内容がよくわからなくても、和本に実際にさわってみることで、古典の価値や魅力の一端を学習者に伝えることもできることを実感しました。また、本実践では、現在の国語科教育の枠組みでは、取り上げられることのないような分野の和本も紹介しました。このように和本には、国語科に限らず、さまざまな教科・分野で豊かな学びを提供してくれる可能性が秘められています。出前授業や和本バンクにより、学びの選択肢が拡がる可能性があります。近年は、学会や大学によるものだけではなく、各地の図書館、博物館、美術館などにおいても、司書や学芸員といった専門職員による各種の講座や出前授業が行われています。学習指導要領の総則には、小・中・高校すべてにおいて、

> 地域の図書館や博物館，美術館，劇場，音楽堂等の施設の活用を積極的に図り，資料を活用した情報の収集や鑑賞等の学習活動を充実すること。
> （『小学校学習指導要領（平成29年告示）』二三頁、『中学校学習指導要領（平成29年告示）』二四頁、『高等学校学習指導要領（平成30年告示）』二九頁、いずれも同一の文言）

とあり、「主体的・対話的で深い学び」を実現していく上で、外部機関との連携が推奨されています。学校現場に無理な負担をかけることなく、新しい学びの機会が提供されることが期待されます。和本バンクにおいても、各校が利用しやすいよう、改善を進めていきたいところです。

※本実践の詳細は、加藤直志・加藤弓枝・三宅宏幸「くずし字による古典教育の試み（7）―和本バンクによる出前授業―」（『名古屋大学教育学部附属中・高等学校紀要』第六七集、二〇二二年一二月）をご参照ください。

実践4

和本の基礎知識

加藤弓枝（名古屋市立大学）

ここでは、知っておくとよい用語や、授業での使い方、手に入れ方など、和本に関する基礎知識について取り上げます。

1　和本入門――和本についてイチから学ぶ

書物に関する学問のことを書誌学と呼びますが、この学問で大切にしなければならないのが用語の定義です。書誌学の世界では、使用する用語が研究者や研究機関によって異なる場合があります。ここでは、国文学研究資料館編『和書のさまざま――国文学研究資料館通常展示図録』（国文学研究資料館、二〇一八年）と、堀川貴司『書誌学入門――古典籍を見る・知る・読む』（勉誠出版、二〇一〇年）により説明します。この両書の間でも用語が異なることがありますが、その場合は、無料で一般利用できる電子展示室などをWEB公開していることから、国文学研究資料館の用語を原則として使用します。

まず、最も基本となる「**和本**」という用語について確認しましょう。和本とは日本の古典籍のことですが、似た言葉に「**和書**」があります。和本はモノとしての書物がどこで作られたか、という点に注目した呼び名で、和書は書物に記されている文字や絵画などの情報であるテクストがどこで作られたか、という点に注目した呼び名です。つまり、「和本」とはモノとして日本で作られた書物、「和書」とはテクストが日本で作られた書物を指します。

また、和本は大きく二つに分けられます。一つが、「**版本**」（板本・刊本とも）と呼ばれるテクストが印刷されている書物、もう一つが「**写本**」と呼ばれるテクストが手書きで記されている書物です。**代表的な装訂**には、次のようなものがあります。文末の見開きの図版「知っておきたい和本の基礎知識」も参考にしてください。

●糊で綴じられたもの

(1) **巻子本**　(2) **折本**　(3) **粘葉装**

●紙縒または糸で綴じられたもの

(4) **列帖装**（綴葉装とも）　(5) **袋綴**

このうち最もポピュラーな装訂は袋綴です。これは紙を文字が書かれている面を外側にして二つ折りにして重ね、折り目と反対側の端を糸や紙縒などで綴じた装訂です。

江戸時代は人間に関わる事物に身分があり、和本の装訂にもやはり身分がありましたが、最も上位にあったものが手書きの巻子本でした。

また、主に中世までの和本の写本に用いられた書型には、**四半本**（四つ半本とも）、**六半本**（六つ半本・**枡形本**とも）などがあります。

現在の書籍が文庫本ならA六判、コミックならB六判といったように、内容と書型に関連があるように、冊子体の版本の**主な書型と内容**には、おおよそ次のような関連がありました。

大本　＊ほぼB5判（大学ノートサイズ）
…仏書・漢籍・和歌・物語など学問の対象になるような書物

半紙本　＊ほぼA5判（学術書・文芸雑誌サイズ）
…大本と同ジャンルでやや一般向けのもの、唐本風のもの、俳諧、絵本など

中本　＊ほぼB6判（コミック本サイズ）
…草双紙、実用書など

小本　＊ほぼA6判（文庫本サイズ）
…携帯用の辞書類、洒落本、噺本、雑俳など

横本　＊横長のもの
…実用書、特に薬学関係書・人名録・出納帳など

高校までの授業では、古典文学のテクストが前近代にいかなる装訂・書型の書物に記されたかについて取り上げることはないと思いますが、そこには何らかの編集者や版元の意図が示されていることがあります。そのよい例が『おくのほそ道』の版本です。

『おくのほそ道』の書型・装訂は、元禄七年（一六九四）

成立の芭蕉定稿清書本の時点から、正方形に近く仕立てた六半本（枡形本）の袋綴であり、初版本はその清書本の表紙・題簽その他に至るまですべてを模して作られ、以後の改刻本でも、図版のようにそれを踏襲していることが知られています。そして、六半本（枡形本）の清書本を作らせたのは芭蕉の意志でした。六半本（枡形本）は鎌倉・室町期の歌書や物語の写本に多かった書型であることから、芭蕉は『おくのほそ道』を歌書につながるものとする意識を濃く持っていたと言われています（石川真弘「「わせの香や分入右は有磯海」考」）。このように和本の大きさや装訂は、著者の意識や内容を探る手がかりになるのです。

寛政元年刊『おくのほそ道』＊元禄版の覆刻（国文学研究資料館蔵、DOI：10.20730/200008248）

　さて、和本を取り扱う際には、題簽（表紙に貼られた書名が書かれた紙片）・表紙・背・小口・角包み・版心・咽・匡郭といった用語が、実際の和本のどこを指しているのか知っておくとよいでしょう。そちらについては、文末の見開き図版を参照してください。

　さらに、和本の楽しみの一つに、意外な本の「軽さ」あるいは「重さ」があります。その原因となるが、使用されている紙、つまり**料紙**です。紙にはさまざまな種類がありますが、主になめらかでずっしりとした重みを感じる雁皮の樹皮を材料とした⑴**鳥の子紙**、同じく雁皮が原料ですが薄く漉くことで軽さと透明感が感じられる⑵**薄様**、最も広く和本に用いられている楮の樹皮を材料とする⑶**楮紙**、雁皮と楮をまぜて漉いた⑷**斐楮交漉紙**などが知られています。

　以上が、入門的な和本の用語です。しかし、文字で説明されてもイメージがしづらいと思います。そこで、次に和本をさらに知るためにお薦めな本やWEBサイトをご紹介します。ここでは、専門書は取り上げず、無料で手に入れられたり、視聴できたりするものや、一般向けに書かれた本を取り上げます。

2　和本についてもっと学ぶ

和本について学ぶには、実物を手にとることが一番よいのですが、それは難しい方が多いと思います。そんな方にお薦めなのが、国文学研究資料館のWEBサイトで公開されている電子展示室**『和書のさまざま』**[*1]です。この電子展示では、日本古典籍の書誌学の基礎を学ぶことができます。動画もあり、ふんだんに画像が用いられたわかりやすい構成になっています。そして、このサイトの前身が、二〇一八年に国文学研究資料館で開催された通常展示ですが、その図録が、同館のリポジトリで公開されています。[*2]こちらは非営利目的ならば、改変せずクレジットを示せば複製や配布が可能です。装訂や書型などがわかりやすくレイアウトされており、児童や生徒にプリントとして配りたい時に利用でき、とても便利です。

国文学研究資料館のリポジトリで公開されている『和書のさまざま』の通常展示図録の表紙

もっと本格的に和本について学びたい方にお薦めなのが、Future Learn 慶應義塾大学のオンライン講座「**古書から読み解く日本の文化(1)――和本の世界**」[*3]です。この講座では、書物が日本の文化史に果たした役割や、アジアで使用されている主要な製本方法などを豊富な画像や動画で学ぶことができます。英語版と日本語版があり、期間限定で学ぶ無料コースと、期限のない有料コースとがあります。動画の一部は、教育的目的であれば授業利用もできます。使用されている動画はいずれも数分の短いものですので、実際の授業にも取り入れやすいと思います。

また、林望（はやしのぞむ）**『リンボウ先生の書物探偵帖』**（講談社文庫、二〇〇〇年、『書誌学の回廊』の改題本）は、難しそうな書誌学の世界をわかりやすく、そしてのユーモアたっぷりに解説しています。

3　和本を授業で使う

では、和本を実際の授業で使うには、どういった点に気をつけるべきでしょうか。まずは、児童や生徒に和本の取り扱い方を説明する必要があります。

準備として、⑴素手で扱うため手を洗いしっかりと水分は拭います。⑵筆記用具は鉛筆を使用し、和本を汚したり、傷つけたりするペン・消しゴム・金属製品は使用しないように心がけます。

実際にさわる時の基本は、⑴水平な机において持ち上げないこと、⑵両手で丁寧に取り扱い、めくる時は文字のない余白部分をつまみ、和本を筆記用具や参考書や他の本と接触させないことです。要点は文末の見開きの図版にもまとめました。

このような取り扱いに関する説明は、動画の方が向いています。先ほど紹介した慶應義塾大学のオンライン講座には、「和本の取り扱いについて」という約三分の動画が公開されており、参考になります。

では、実際の授業ではどのように和本を取り上げたらよいのでしょうか。その**実践例**を簡単に紹介したいと思います。

まずは、鶴見大学図書館（横浜市鶴見区）が行っている**古典籍体験学習**です。古典籍のホンモノにさわって書物の歴史や文化を体験するというもので、半日から一日がかりの実践です。高学年の小学生を対象とし、和本にさわる時間と、和本を作る時間とに分けています。和本にさわる時間には、広めの教室などに机で島を複数作り、そこにテーマ別に和本を置きます。

横浜市内の小学校にて

児童は数分ずつ順番に島をめぐり、各机の担当者から説明を受けるというものです。詳細は近江弥穂子さんの実践報告をご参照ください。

　この実践から、古典籍が持つ教材としての可能性を感じることができました。また、知っている地名や昔話などに関する和本が人気であること、明治本も児童にとっては十分古いのだということを学びました。

　好評な取り組みですが、さわってもよい古典籍を五〇点以上、さわってはいけない貴重書を一五点以上、スタッフも一〇名以上必要とするため、同じ授業を行うことはなかなか難しいと思います。そこで、この体験授業をもとに、もっとコンパクトで、実際の授業にも取り入れられそうな実践として行ったのが、名古屋大学教育学部附属中学校での取り組みです。毎年、同校の加藤直志さん、愛知県立大学の三宅宏幸さん、そして筆者の三名で協働で行っている、「**くずし字による古典教育の試み**」の、七回目の実践授業です。

　この授業では、古典に親しんでもらうこと、古典への興味関心を高めることを目的に、グループごとに異なる和本を配付し、文字・挿絵・大きさ・重さ・紙という五つの観点から、現代の書物との相違点と共通点を考察してもらい、くずし字で書かれている和本の内容についても書名や挿絵などをヒントにまとめてもらいました。

　授業の後半にはグループごとの発表時間を設けましたが、生徒たちの鋭い考察に驚きました。同校ではくずし字資料を用いた特別授業を以前より実施していますが、本物の和本が持つ効用でしょうか、いずれのグループも例年より課題の考察がより詳細でした。詳しくは、前章の加藤直志さんの実践報告をご参照ください。

　しかし、授業に使用できそうな和本を一〇点以上所蔵している授業者は少ないと思います。では、和本はどこから手に入れたらよいのでしょうか。

4　和本を手に入れる

　和本と聞くと、「高価なもの」というイメージがありますが、実際の値段はピンキリです。例えば次の写真は、神田の日本書房さんに、「小学生が好きそうな高くない和本」という条件で選書を依頼した際に、提案いただいたものです。この写真には、三〇〇円から九八〇〇円までの和本が載っています。例えば、左上の特小本(とくしょうぼん)(豆本(まめほん)とも)と呼ばれる手のひらサイズの和本は、歌仙絵(かせんえ)入りの『百人一首』ですが、状態があまり良くないため五〇〇円でした。このように特別な予算がなくても、購入可能な和本はたくさんあります。

ただし、和本は定価がありませんので、同じような和本でも本屋によって(あるいは同じ本屋でも仕入れ値など状況によって)値段は異なります。お薦めは和本を取り扱う**良心的で信頼できる古書店**を探すことです。できれば勤務先や通っている学校、あるいは自宅から遠くないお店であれば、定期的に通えて、店主とも仲良くなれるかもしれません。しかし、古書店に通うのは地理的に難しいという方も多いと思います。

古書店で直接購入する方法のほか、古書店が年に数回発行している目録や、「日本の古本屋」というWEBサイトでも購入可能です。他には、東京古典会や大阪古典会が開催している大入札会のような古典籍のオークションもありますが、これは選り(え)すぐりの稀覯本(きこうぼん)が出品されるもので、高額なものが多いことから利用は難しいと思います。また、ヤフオク!のようなオークションサイトにもたくさんの和本が出品されていますが、面白い和本を安く手に入れるには、習熟が必要で初心者には不向きです。

もし関西地区にお住まいであれば、安価で面白い和本は、京都古書研究会が定期的に開催している古本まつりに出品されることが多いようです。神田でも東京古書会館の地下即売会が定期的に開催されていますし、最近はSNSで販売している古書店もあります。このように手に入れる方法はさまざまあります。

では、手に入れた和本は、どのように保管したらよいのでしょうか。**和本の保管方法**は、⑴柔らかいため横置き保管が基本で、⑵防虫剤を本棚か保存箱へ入れ、⑶定期的な虫干しをすることが大切です。これらを怠ると、最悪、虫に食われた和本の残骸を見ることになりますので、ご注意ください。しかし、少量の和本であれば、保管はそれほど大変ではありません。

そして、「購入するのはちょっと」という方や、「多くの和本の中からその都度必要な和本を選びたい」、という方にお薦めなのが、「**和本バンク**」の利用です。先述した名古屋大学教育学部附属中学校での授業も、こちらに所蔵される和本を利用しました。

「和本バンク」は、古典教材開発研究センターが行っている教育現場への古典籍貸出プロジェクトです。研究者や篤志家から寄贈された和本を、小学校・中学校・高等学校・高等専門学校へ無償で貸し出しています。詳しくは同志社大学古典教材開発研究センターのWEBサイト、ならびに実践2「古典籍無償貸出プロジェクト「和本バンク」のすすめ」をご参照ください。

和本の知識を少し得るだけでも、古典の世界はぐっと広がります。ご紹介したサイトや書籍を通して、一人でも多くの方に、古典籍の世界の面白さを感じていただけることを願っています。

注

＊1　国文学研究資料館　電子展示室「和書のさまざま」
https://www.nijl.ac.jp/etenji/washo/index.html

＊2　国文学研究資料館編『和書のさまざま―国文学研究資料館通常展示図録』（国文学研究資料館、二〇一八年）
http://id.nii.ac.jp/1283/00003721/

＊3　Future Learn 慶應義塾大学オンライン講座「古書から読み解く日本の文化⑴：和本の世界」
https://www.futurelearn.com/courses/japanese-rare-books-culture-j

＼ 知っておきたい ／
和本の基礎知識

代表的な装訂（そうてい）

●糊（のり）によるもの

① 巻子本 かんすぼん

② 折本 おりほん

③ 粘葉装 でっちょうそう

●紙縒（こより）または糸によるもの

④ 列帖装 れつじょうそう・れっちょうそう

＊綴葉装（てつようそう・てっちょうそう）とも

⑤ 袋綴 ふくろとじ

① 巻子本

② 折本

③ 粘葉装

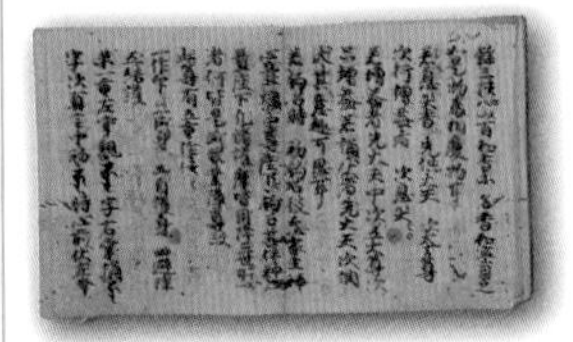

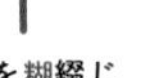

ここを糊綴じ

④ 列帖装（綴葉装）

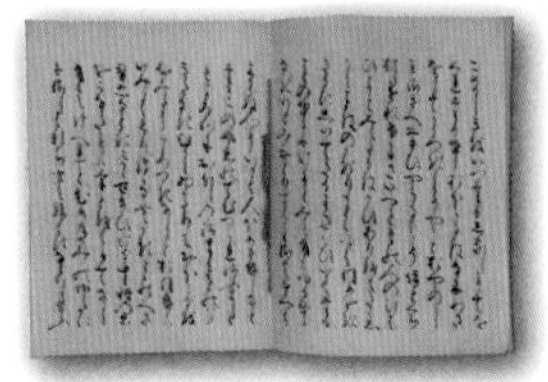

ここを糸綴じ

⑤ 袋綴

紙を2つ折りにして重ね、折り目と反対側の端を糸や紙縒などで綴じる

主な書型（しょけい）＝大きさ

●中世までの和文の写本（手書きの本）

① 四半本 しはんぼん

＊四つ半本（よつはんぼん）とも

＊全紙の四分の1の大きさ

② 六半本 ろくはんぼん ＝枡形本 ますがたぼん

＊六つ半本（むつはんぼん）とも

＊全紙の六分の1の大きさ　＊ほぼ正方形

●冊子本の版本（印刷された本）

③ 大本 おおほん　＊ほぼB5判

④ 半紙本 はんしぼん　＊ほぼA5判

⑤ 中本 ちゅうほん・ちゅうぼん　＊ほぼB6判

⑥ 小本 こほん　＊ほぼA6判

⑦ 横本 よこほん　＊横長のもの

図版｜佐々木孝浩所蔵本

和本の部位

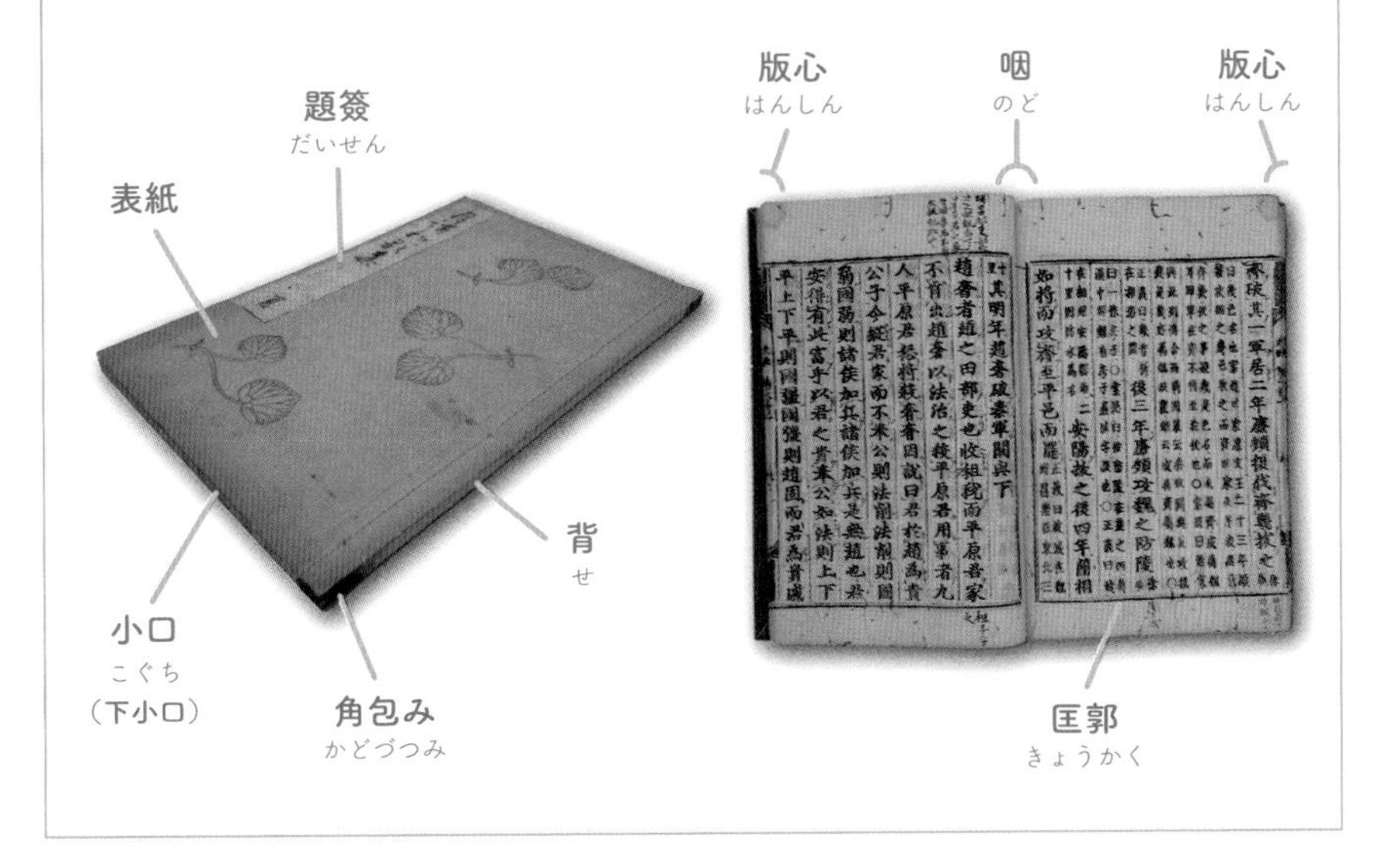

和本の取り扱い方

準備

① 手を洗い、ハンカチなどでしっかり水分を拭う

*時計・アクセサリー類は外す

*手袋は使用しない

② 筆記用具は鉛筆を使う

*ペン（ボールペン・サインペンなど）は使用しない

*消しゴムや金属製品の使用はしない

基本

① 水平で清潔な机に置き、机から持ち上げない

② 両手で丁寧に取り扱う

*めくるときは文字のない余白部分をつまむ

*筆記用具・参考書や他の和本と接触させない

参考　国文学研究資料館編『和書のさまざま』 http://id.nii.ac.jp/1283/00003721/
堀川貴司『書誌学入門―古典籍を見る・知る・読む』勉誠出版、2010 年

出前授業について

現在日本近世文学会では、
学会員を講師とした出前授業を実施しています。
主たる対象は小学校・中学校・高校。期日・時間等はご相談下さい。
講師派遣の諸費用は、原則として学会が負担します。

詳細は以下より

▼出前授業の実施について（日本近世文学会）
http://www.kinseibungakukai.com/doc/demaejugyo.html

▼出前授業のあゆみ（日本近世文学会）
http://www.kinseibungakukai.com/doc/demaejugyo-ayumi.html

STEP 3

第1部　入門編

くずし字への誘い方

総論

なぜ「くずし字教育」が必要なのか

飯倉洋一（大阪大学名誉教授）

1 はじめに

ここ一〇年ほど、「くずし字」解読に対する関心が広がるとともに、ＡＩによるくずし字認識技術も急速な進化を遂げています。このような「くずし字」解読への追い風現象を紹介するとともに、なぜ「くずし字教育」が必要なのかという逆風への回答も考えたいと思います。

「くずし字」という言葉を使うこと、濫用することに批判的な人もいますが、「くずし字」は、アカデミアでも広く使われ、定着している言葉なので、本章でも「くずし字」を用います。

「くずし字」とは、変体仮名を含めて、漢字をくずした文字のことで、特に前近代の古文書（こもんじょ）・古典籍（こてんせき）で用いられています。「くずす」とは、渡辺麻里子さんの「くずし字三ケ条」によれば、「つなげる・なめらかにする・簡単にする」ということ（渡辺麻里子「くずし字を知ること—日本古典文学の基礎学を考える」、荒木浩編『古典の未来学』文学通信、二〇二〇年）です。

私自身、「くずし字教育」の普及活動に微力ながら関わってきました。その経験をまず述べるところから始めたいと思います。

2 「くずし字教育」と私

①日本近世文学会での和本リテラシー啓蒙活動　私の師である中野三敏先生は、二〇一〇年ころから、「和本リテラシー」という造語で、「くずし字」解読能力の必要性を説いていました。その主張は『和本のすすめ』（岩波新書、二〇一一年）にまとめられました。「和本リテラシー」とは、江戸時代以前に手写または出版され、「くずし字」で書かれた本を読む能力のことです。その能力のある人は、現在の日本には数千人程度しかいないのではないかという強い危機感を中野先生は持っていました。

なぜ、「和本リテラシー」が必要なのか。江戸時代以前の本は一〇〇万点くらい残っていると推測されますが、そのうち活字になっているのは、三％くらいでしょう（中野先生は一％と言われますが、もう少し多いと私は思います）。しかし、活字になっているものは、近現代の資料価値観の枠組みで選ばれたものです。成熟した社会を目指すためには、その枠組みから抜け出し、新たな認識の枠組みをつくる必要があります。そのためには、活字になっていない典籍を読む必要があり、「和本リテラシー」が必要になってきます。これが中野先生の主張の概要です。

中野先生は、二〇一一年五月に、日本近世文学会宛に要望書を提出しました。その要旨は、「近代主義の行き過ぎを是正するためのヒントは、近代主義が否定した江戸時代にこそある。江戸時代を理解するためのツールは、「和本リテラシー」以外にはない。「和本リテラシー」回復のために、日本近世文学会で、その啓蒙に取り組んでほしい」というものでした。この時私は同学会の事務局を務めていました。日本近世文学会とは江戸時代の文学を研究する研究者コミュニティーで、当時の会員は約八〇〇名でした。

学会では要望書を受けて、広報企画委員会の中に「和本リテラシー部門」を設置、学習指導要領の範囲で、どのように「和本リテラシー」教育を行えるかを模索しました。二〇一三年には「くずし字教育」に関するシンポジウムを開催し、それに基づくアンケート報告会と討論を経て、ニューズレターの刊行を決定、二〇一五年七月にフリーマガジンの「和本リテラシーニューズ」第一号を刊行したのです。同誌はウェブでも公開され、二〇二〇年一月には第五号を刊行しました。一方で、学会員による、各地の小・中・高での出前授業を積極的に展開しました。

②京都大学古地震研究会の活動　京都大学古地震研究会は、二〇一二年四月京都大学大学院理学研究科の中西一郎教授（現名誉教授）の呼びかけによって有志が集った学際的な団体です。その目的は地震をはじめとする過去の自然災害についての研究を進めることで、古文書解読の実習や実践を中心とした勉強会を毎週開いていました。二〇一四年九月、私は中西先生の依頼により、同会の夏合宿に呼ばれ、「刊本と写本」について講演をしました。実は中野三敏先生のピンチヒッターでした。ここで私は理系研究者も「くずし字」解読を必要としていることを知り感銘を受けました。当時京都大学の教員であった地震研究者の加納靖之さん（現東京大学）、院生であった人文情報学研究者の橋本雄太さん（現国立歴史民俗博物館）とも出会い、懇親会では「くずし字学習支援アプリ」の開発についても話題となりました。その一年半後に、くずし字学習支援アプリKuLA（クーラ）がリリースされるなどとは、この時点では思いもよりませんでした。実現すれば面白いよね、くらいの雑談だったと記憶します。

③KuLA開発までの流れ　折しも国文学研究資料館（以下、「国文研」）では、歴史的典籍NW事業と称する、三〇万点の歴史的典籍画像公開計画が始まろうとしていました。大阪大学が事業を推進する拠点校の一つとして選ばれ、私は拠点代表として、何らかのプロジェクトを考えることになりました。そこで思いついたのが画像をより活用していただくためのサポートプロジェクトです。その時点では「くずし字学習支援アプリ」の開発まで考えていなかったのですが、橋本さんとの出会いでにわかに現実化してきました。しかし、当初拠点校には一〇〇〇万円くらいの予算が降りてくるという話もあったのですが、それは泡と消え、一〇分の一くらいに縮小され、計画は宙に浮きそうになりました。幸い大阪大学からも支援を受けられることになり、また国の助成金である科研の挑戦的萌芽研究への応募も

採択されて、二〇一五年度から、橋本さんをシステム設計者としてお迎えし、「くずし字学習支援アプリ」の開発が始まりました。今思えば、開発のための環境がタイミングよく整ってきつつありました。二〇一五年一一月、国文研は無条件で利用できる三五〇点の古典籍オープンデータセットを公開しました（現在は三〇〇〇点以上が公開されています）。国立国会図書館や早稲田大学、立命館大学をはじめとする内外の古典籍のデジタルアーカイブも充実してきていました。同年一〇月には、国立国語研究所が「学術情報交換用変体仮名」セットを試験公開しました。これは変体仮名がワープロやスマホで打てるようになるということでした。戸籍などの行政実務において変体仮名の文字コード標準化のニーズがあり、日本語の文字表記史や日本史学の学術用途においても、変体仮名をコンピューターで扱うニーズがあるという理由からでした。チームの一員であった当時大阪大学准教授の矢田勉さん（現東京大学）がもたらした情報でした（高田智和・矢田勉・齋藤達哉「変体仮名のこれまでとこれから　情報交換のための標準化」、『情報管理』五八―六、二〇一五年九月）。このような偶然が重なり、アプリ開発の環境が急速に整ったのは、やはり運命だったのかもしれません。開発の経過はツイッターでも発信され、テスターの募集も行いました。私たちにとって意外だったのは、刀剣乱舞という人気ゲームのユーザー（いわゆる刀剣クラスタ）が強く興味を示してくれたことでした。刀剣を深く知ろうとすれば、古文書を読む必要があるからでした。ＫｕＬＡの練習用テキストに江戸時代の刀剣書が入っているのはそういうニーズに応えたものでした。

④くずし字学習支援アプリＫｕＬＡ　ＫｕＬＡは、Kuzushiji Learning Application の略称で、字形学習・読解練習にコミュニティー機能を備えた「くずし字」学習の総合支援モバイルアプリケーションです。二〇一六年二月一七日に行われた国際シンポジウム「読みたい！　日本の古典籍」で発表され、翌日リリースされました。二〇二二年の現時点で約二〇万回ダウンロードされています。もともと、「くずし字」を学びたくても、「くずし字」学習本や、くずし字辞典の類を入手することが困難な海外の方を利用者に想定したものです。「まなぶ」「よむ」「つながる」の三

つのモジュールからなります。「まなぶ」モジュールでは、ゆるキャラ「しみまる」による、「くずし字」解読の基礎知識解説と、三〇〇〇件の用例を用いた字形学習、どのくらい力がついたかを自分で確かめられるテスト機能があります。用例は、国文研のデータセットから収集しています。「しみまる」は『和本リテラシーニューズ』の公式マスコットで、ユーザーとシステムの間をつなぐ役割を担っています。「よむ」モジュールでは、実際の和本を利用した読解練習ができます。本アプリは海外の日本研究者を想定して開発されましたが、海外で日本古典のテキストとしてよく読まれている『方丈記』、なぞ解きを楽しみながら学習できる『新版なぞなぞ双六』、刀剣クラスタの利用を念頭に置いた『新刃銘尽後集』を収録し、全作品に翻刻文を付しています。「つながる」モジュールは、このアプリで学習する仲間で情報交換や交流を促すネットワークシステムです。例えばスマートフォンのカメラで資料を撮影し、他のユーザーに読み方を教えてもらうなどの教え合いができます。SNSアカウントがあれば誰でも利用可能です。なお、KuLAの使い方については、飯倉洋一編『アプリで学ぶくずし字　くずし字アプリKuLAの使い方』（笠間書院、二〇一七年）というガイドブックも出版されています。

3　IT時代の「くずし字教育」

①教材としてのKuLA　『アプリで学ぶくずし字』には、大学の授業でのKuLAの活用についての経験談を語る慶應義塾大学の合山林太郎さんの報告が掲載されています。教員は、簡単な説明で導入可能であり、「まなぶ」モジュールのクイズ機能を用いて課題を出せます。全問正解した場合「全問正解」のスタンプが押されるため、到達度のチェックが簡単です。問題は一四回分（各回二〇問程度）あるため、一セメスター（一五回）で、「くずし字」を攻略するのにちょうどよいのです。一方、学生はキャラクターの「しみまる」を「かわいい」と楽しみながら、通学電車や、待ち時間

に学習することができます。もちろん、全回を全問正解したからといって、「くずし字」で書かれたテキストがすら すら読めるようになるわけではありません。あくまで「くずし字」解読の基本中の基本が習得できるということです。このような使い方に典型的なように、KuLAは、「くずし字教育」の必須ツールとなり、初学者用の定番自習教材として知られるようになりました。

②みんなで翻刻　さて、KuLAリリースの翌年、京都大学古地震研究会は、「みんなで翻刻」というプロジェクトを開始しました。「みんなで翻刻」は多数の人々が史料の翻刻に参加することで、歴史資料の解読を一挙に推し進めようとするプロジェクトです。当初は地震史料の翻刻が目的でしたが、予想をはるかに上回るペースで翻刻が進み、料理本や医学本、仏典（ぶってん）、草双紙（くさぞうし）など、さまざまな資料が投入され、それぞれの翻刻プロジェクトが走っています。二〇二二年九月時点で、参加登録者は二二〇〇名を超え、一八〇〇万字以上が入力され、翻刻完了史料は一四〇〇となっています。一人で一〇〇万文字以上入力した人が四人もいるのは、驚きを超えて信じられません。翻刻初心者も参加できるように、システムの中にKuLAが組み込まれ、AIくずし字認識システムが翻刻を援助してくれる仕組みも導入されています。KuLAをマスターしたら、その次の自習教材として「みんなで翻刻」は最適です。その教材としての利点は、①好きな資料が選べる。②好きな時間に翻刻作業ができる。③先生に聞かなくてもAIが読解を助けてくれる。④間違いを誰かが修正してくれる。⑤入力文字数やランキングで成果が可視化される。⑥「みんなで」やる一体感がある、などです。

③AIくずし字認識アプリ　立命館大学アートリサーチセンターは、凸版印刷の人工知能による深層学習を使い、「くずし字」解読支援・指導システムを開発しました。読めない字を画面上で選択すると、AIが読むのを手伝ってくれるのです。それでも読めなかった文字のみ、教員から指導してもらえばよく、教員の負担も少なくなります。効率的な学びが可能になります。人文学オープンデータ同利用センターのカラーヌワット・タリンさんは、AIが「くずし字」

文献をある程度読んでしまうという、くずし字AI認識アプリ「みを」を開発しました。スマホやタブレットで「くずし字」文献の読みたい部分を撮影すれば、ボタン一つでAIが解読し、翻刻本文までつくってくれるのです。これは初心者向けというよりも、中級者向けかもしれません。AIにまず読ませて、読み誤った部分や読み残した部分を翻字すればよく、省力効果があるというわけです。「みを」の解読能力はまだまだ高いとは言えませんが、どんどん向上していくことは間違いありません。しかし、どんなに解読能力が向上しても、人間の眼による確認は必須であり、すべてをAIに任せるという時代が来るというわけではありません。

4　なぜ「くずし字教育」が必要なのか

①なぜ「くずし寺教育」が必要なのか　先述したように、中野三敏先生は、翻刻された資料は、近現代の価値観から選ばれたものであり、現在翻刻されていない資料にこそ「近代」を相対化し、考え直すヒントがあると言い、翻刻されていない資料を読むには、「くずし字」を読解するスキル、すなわち「和本リテラシー」が必要であるとしました。

そもそも、歴史的典籍は、その時点で「未来の人」に向けて書かれたものです。歴史的典籍を書いた人にとっての「未来の人」とは私たちに他なりません。私たちは歴史的典籍というタイムマシンに乗って、古人と出会い、対話することができます。そのタイムマシンの操縦術がすなわち「くずし字」リテラシーなのです。私たちも、私たちにとっての「未来の人」に歴史的典籍をつなぐ義務があります。

現存する歴史的典籍（古典籍および古文書）は、それだけで読む価値があると判定できます。かつて存在した無数の歴史的典籍は、多くは消失し、廃棄され、散佚（さんいつ）しました。その中のごく一部が保管され、伝存して現在にいたっています。つまり現存する歴史的典籍は、偶然に残っているわけではなく、残そうとする人々の意志があったからこそ残っているのです。後世に残すだけの価値があり、読まれる意義があり、利活用できると思われたからこそ、現存しているのです。

②「くずし字教育」への疑問に答える1　しかしただちに、次のような疑問が突きつけられるでしょう。すなわち、「活字だけでも一生かかっても読みきれないくらいの数があるのに、未翻刻の文献まで読んでいる時間はないでしょう？」と。それに対しては次のように答えましょう。「いいえ、あなたの人生で出会う古文書や古典籍があるとすれば、あなたの今後の人生に大きく関わる可能性があり、しかもそれは翻刻されていない可能性が高いです。あなたがくずし字解読スキルを身につければ、それが読めるのです。あなたは、自分の可能性を開くことができるのです」と。

例えば、自分の住む地域の過去の地震や洪水に対し人々はどう行動したのか、調べたい時、江戸時代、明治時代に書かれたこの地域の住民の日記が残っていて、そこに手がかりがありそうだとすれば、「くずし字」を読んで、その欲求をかなえることができます。日記や手紙などは、少なくとも昭和前期までは、「くずし字」で書かれていることが少なくありません。一〇〇年もたっていない過去が、「くずし字」を読めないだけで知ることができないというのは、あまりにももったいないです。

③「くずし字教育」への疑問に答える2　あるいは、このような疑問もあるかもしれません。「くずし字を読めても、古文（文語文）が読めなければ、意味がわからないでしょう？　「くずし字教育」よりも古文教育をどうするかの方が喫緊の課題では？」と。その疑問に対しては、逆に次のように問いたいと思います。古文教育の中に「くずし字」を位置づけるのは果たして正しいのでしょうか。

教科教育の視点から言えば、「くずし字」は、国語以外の教科とも関わっています。文字入りの絵（日本には多い）例えば絵入り本や画賛（がさん）は美術と関わります。本草書（ほんぞうしょ）は生物（医学・薬学）、天文書は地学と、料理本は家庭科と、地域文書は歴史と関わっています。多くの場合、それは特別な古文力を必要とはしません。辞書さえあれば十分理解可能なものがほとんどです。「くずし字教育」の前に、文語教育・古文教育をというのは一面では正しいですが、まずは歴史的典籍に直接触れて、読んでみることも大事です。これは、外国語教育で、単語や文法をみっちりやってから実際に使ってみるという手順を踏むよりも、外国語を母語とする人と会話することで実践的な外国語会話が身についしまうことが往々にしてあることを思い浮かべていただくとよいでしょう。「くずし字」を読むとは、未翻刻の資料を読むことであり、それは自分が出会ったことのない世界に飛び込む、ワクワク感いっぱいの営為なのです。

さらに「くずし字」で書かれた資料が、現代人の問題・関心にもヒントを与えることがあります。歌舞伎や茶道など伝統芸能に興味を持つ人は、「くずし字」を学ぶことで、より知識を深めていくことができます。近年、刀剣がブームとなっていますが、刀剣の由来やエピソードを知りたい時、展示されている刀剣の横に参考として並べられている由緒書（ゆいしょがき）を読みたい時、「くずし字」リテラシーが役に立つのです。現代人にとって深刻な問題である地震などの災害や感染症。それらにどう対応すればよいのか。例えば地震のデータ測定記録は、ここ何十年分しかなく、大地震に伴う津波のあり方や、特定の地域に発生した地震の記録が、歴史的文書の中にしか見いだせないことがあります。先に述べた古地震研究会の古文書解読への取り組みは、最も現代的な課題に「くずし字」解読スキルが関わるという実例です。また、現代人が経験したことのなかった、長期にわたる感染症の流行に対して、過去の人々がどう対処していたかを探るには、歴史的典籍に頼るしかありません。

つまり、「くずし字」文献は、「古文」という国語の教材だけではありません。あらゆる教科・教養・趣味への入口になり、それらを深く、広く学ぶための材料となります。もっと自由に考えてよいのです。人が関心を示す対象は、それへの興味、身近さ、自分自身との関わりのあるもの、つまり「既知」のものです。一方、未翻刻（みほんこく）の「くずし字」文献とは、過去のテキストでありながら、今まで出会ったことのない「未知」のものです。数多くの「未知」の文献の中から、教材としては、身近で、興味の持てる「くずし字」文献を選ぶべきでしょう。それは万人に共通していないわけだから、学ぶ個人あるいはグループ向けにそれぞれ選ぶと、より効果的でしょう。

例えば、くずし字への興味の糸口を提供する例として、安永九年（一七八〇）刊行の市場通笑作の黄表紙『浦島太郎二度目の龍宮』をあげてみましょう。浦島太郎は誰でも知っている「既知」のキャラクラーですが、その浦島太郎が、もう一度龍宮に行ったという話はほとんどの人にとって「未知」に違いありません。これはいわゆる二次創作です。しかも、絵が主体でストーリーが追いやすいのです。字だけのテキストよりも、「読む気」が起きるのではないでしょうか。

④「くずし字教育」への疑問に答える3　こういう疑問もあるかもしれない。「くずし字を一度習得しても、すぐに忘れるのではないか。一過性に終わるくらいなら、やらなくてもいいのではないか？」と。一理あります。しかし、一度でも「くずし字」学習経験があれば、次に「くずし字」に出会った時にスルーしない可能性が高いと思います。一過性でもいいから一度経験しておくことが重要です。一度の経験は無限の可能性を秘めています。

5　結語

「テクスト遺産」の具現としてのくずし字文献　テクスト遺産とは、エドアルド・ジェルリーニさんが提言する概念です。ジェルリーニさんは言います。「critical heritage studies（批判的遺産研究）の視点から考えてみると、遺産はモノではなく、社会的かつ文化的営為であるのと同様に、文学遺産（飯倉注「テクスト遺産」）も、文学作品そのものではなく、むしろその作品をめぐる様々な社会的過程であると主張すべきだろう。したがって、有形的に存在している文学作品は、文学遺産という無形的な営為の具現に他ならない」（エドアルド・ジェルリーニ「投企する文学遺産—有形と無形を再考して」、『古典の未来学』文学通信、二〇二〇年）。現在残っている「くずし字」文献は、過去の「テクスト遺産」

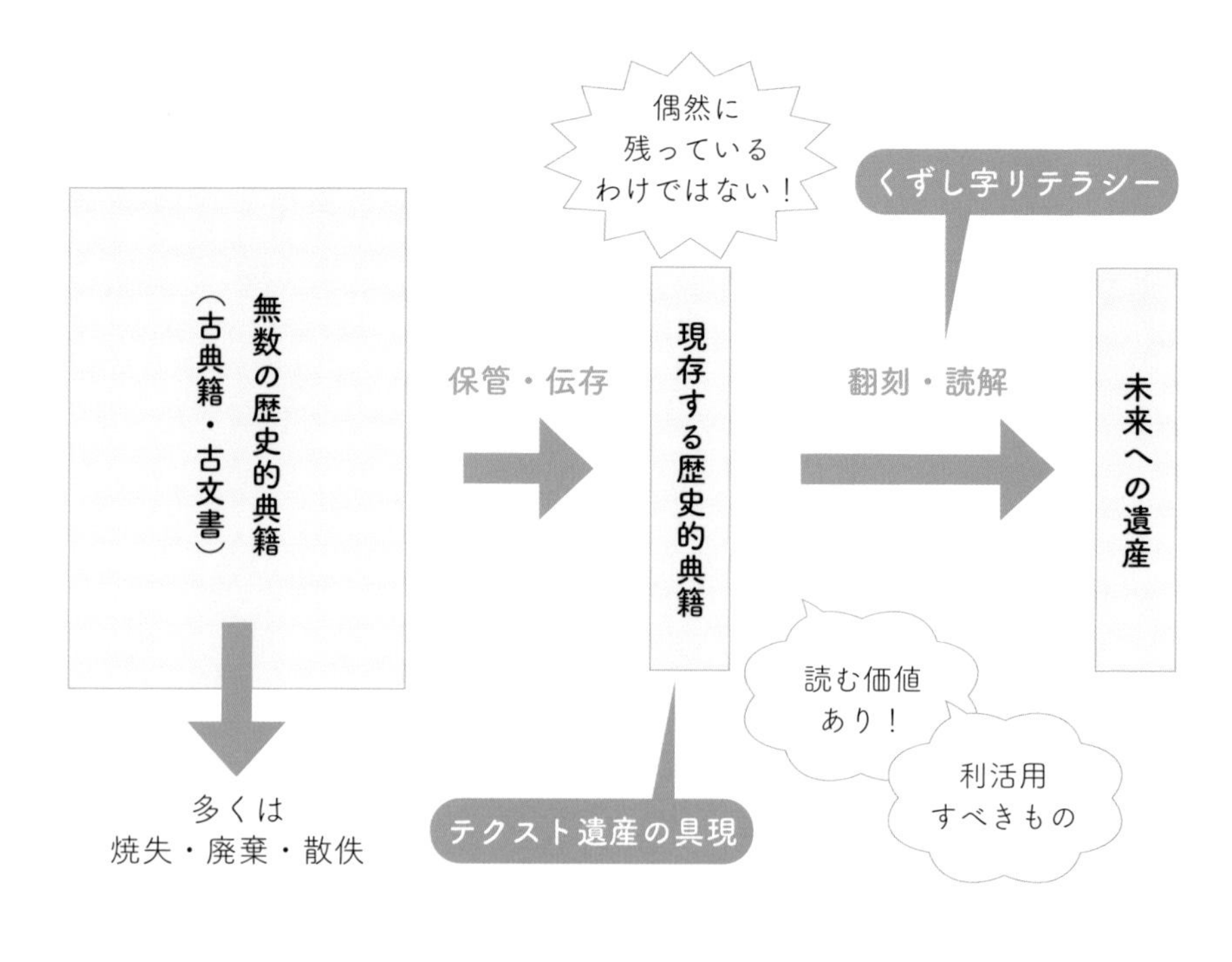

の具現です。そして「くずし字」解読は過去を未来につなぐ営為そのものなのです。

現存する歴史的典籍は、過去に存在した無数の歴史的典籍のうち、後代に伝えるために保管されて伝存しているものであり、偶然に残っているわけではありません。人が遺産として後代に残そうとして関わらなければ残らなかったテクスト遺産の具現です。現存する歴史的典籍とはつまり読む価値のあるものであり、利活用すべきものです。そのためには、テクストを読解する「くずし字」リテラシーが必要です。私たちは、それでこそ未来へと遺産をつなぐことができるのです。以上、私の主張をまとめてみたのが上の図です。

実践1

くずし字を解読して古典学習の旅に出る

加藤十握（武蔵高等学校中学校）

1 くずし字をいつ学んでいるのか

勤務校は、一学年四クラス、クラス規模は四〇名強の、中学・高校一貫教育を行う男子校です。六年一貫であるため、教科の教育カリキュラムはそれを前提に作られており、古典の分野に関しては、中学一、二年の間はさまざまな形態の文章に触れ、中学三年、高校一年では、古典文法など言葉の形態論を踏まえて、文章を精読する練習を行い、高校二年以上は、大学受験を見据えつつ、調査、発表などの形態を取り入れながら、古文を深く楽しむことに重点を置いて授業を行っています。

くずし字教材を利用して授業を行う学年配当は、結論から述べれば、中学一、二年の初学段階が最適であると考えています。理由としては、その段階は、多彩な文章に触れ、言葉を扱う学問としての楽しさと面白さを学ぶ段階と考えており、古典の分野の文章に関しても、教科書のように、活字化されたアンソロジーだけではなく、できるだけ多種多様な原典に触れるところからスタートできるのが理想と考えているからです。以上の枠組みを前提として、くずし字教材を利用する目的や意義について、実践例を踏まえつつ述べてみたいと思います。

2 くずし字教材を利用するために

近年は、インターネット等にもオープンアクセスの資料がさまざまな形で整備され、くずし字解読のリテラシーさえ身につけば、歴史的な文化財として無限に広がる古典籍（こてんせき）の海原にアプローチすることが可能になってきています。さらには、携帯端末のアプリで、学習支援ツールの「KuLA」や、解読補助ツールの「みを」など、大変に頼もしい道具も開発されています。従って、初学者程度の解読リテラシーは、昔ほど苦労せずとも身につけることができる時代になってきていると言えましょう。ただし、「みを」の場合も、解読の精度は完璧ではないので、最終的には、読者側にも一定のリテラシーが必要となることに変わりはありません。

一方、リテラシー向上のための道具がいかに便利になったとしても、教授者にまず必要なことは、例えば初等・中等教育の教員であれば、学習指導要領などに記される国語教育の目的に配慮しつつ、くずし字教材をいつ、どのように利用することが有効であるのかについて、各人が考えることにあることは言うまでもありません。筆者の考える有効性の一としては、大学の古典文学研究の入口で学ぶように、単に原典に触れることの重要性を学ぶだけではなく、古典作品を「読む」ための基本姿勢を、パズル感覚で身につけられることをあげておきましょう。さらに、例えば、句読点もなく連綿と連なるくずし字に向かい、試行錯誤してようやく解読できた文章を、逆に既存の活字テキストと比較することによって、教科書などの活字テキストには先人による学問の成果の膨大な蓄積があることに気づき、そこからテキストを読むことの奥深さや喜びを感じ取ることができるかもしれません。そうした試みによって、古典作品を読むことへの興味が広がるならば、それはすてきなことでしょう。

3　くずし字教材をどう使うのか

実際の授業にあたって、できるだけ原典に触れることが望ましいと考えた時、版本（はんぽん）や写本（しゃほん）などの「本物」を利用できるに越したことはないですが、実際には困難である場合が多いでしょう。勤務校には幸い架蔵の和本（わほん）がありますが、それでも教室では見本として見せる程度で、配布教材としては、印刷物や市販の教材等を利用せざるを得ません。

授業形態はその時の担当者に任されていますが、外国語学習と同様、生徒全員が初学者であることを前提に、例えば和本の形態や構成などの説明から入り、次に解読に向かう導入として、ひらがなや漢字の別や、ひらがなには複数の「もとの字（字母（じぼ））」が存在することなどを理解することから徐々に慣らしてゆく方法が一般的です。

まずはある程度読めるようにならなくてはモチベーションも保てないがゆえに、筆者の場合は、最初はほとんどの部分を翻字、活字化して示した資料を作ります。その上で、可能であれば古語辞典や仮名字典を持たせて、それらを頼れば単語レベルで推測可能で、なおかつ、現在の活字のひらがなとは別の字母を持つ仮名等を空欄にして、字体に慣れる目的で演習を行ってゆきます。そうして、目が慣れてくれば徐々に、その空欄の幅を、文節ごとや文ごとに広くしてみたり、あるいは文法事項（初学者であれば、用言の活用や、係り結びの法則等）を考慮したものにしてみるなどの工夫を行いながら、段階的に解読できるようになる喜びが実感できるように資料を作成して、読み進めてゆきます。段階を追って、ある程度の時間をかけて演習する必要や、古文の文章自体にも慣れる目的から、「御伽草子」などの多少長めの作品を継続して扱う場合もあります。

また、百人一首は小学生の段階で既習の場合が多いため、本書のモジュール教材に例示したように、百人一首の数多の和本の中から字面の読みやすいテキストを選定し、くずし字の解読リテラシーを養いつつ、和歌の読解や暗唱も行います。和歌の暗記は事前に行っておくと、より効果的です。さらに、過去には、その年度の正月に、生徒たち自らが作成したかるたをもってかるた取りを行ったこともあります。その際、かるたをくずし字で書いてくる生徒もおり、読めない生徒が泡を食うなどのほほ笑ましい場面が繰り広げられていたことを思い出します。

また、わかりにくい文字は、まず書いてみる、ということも有効です。授業では、判読の際に区別しにくい文字などは、筆者が字母からくずす過程を板書して見せることもしばしばあります。最近では、教育用の端末を生徒一人に一台用意している学校も増えていますが、筆者も、既存のアプリを利用しつつ、生徒の端末に共通の教材を配信して、専用ペンを使い、くずし字部分をなぞらせながらくずし方を身体で理解させてゆく方法も模索し始めています。

4　これからのくずし字教育に向けて

くずし字教材利用の意義を認めて、それを授業で扱おうとする教授者に対しては、さまざまなレベルで助けを得られるネットワークがあるとよいと感じます。教授者のくずし字解読リテラシーもさまざまであろうし、ましてや新たにリテラシーを身につけることには大きな困難を感じることでしょう。そうした教員たちのために、コテキリの会のようなプラットフォームがあれば大変心強いでしょうし、リテラシーをある程度持ち合わせている教授者にとっても、そうした場での教材選定や教授方法等の情報交換は大変有効でありましょう。

さらに今後は、くずし字解読のリテラシーを身につけるための学習過程の一般化が、ある程度において行われるとよいと思っています。くずし字教材利用の可能性は、国語の授業に止まらず、芸術（書道）や社会や情報などの授業にも開かれており、教育ICT機器の利用によってさらに広がってきています。段階に応じて活用できる教材や教授方法がプログラムとして一般化されていると、それを援用して、初等・中等教育現場のみならず、大学などの高等教育や生涯教育の現場の教育課程に組み込むことも可能となり、さまざまな形で原典に触れて、古典そのものを楽しめる人たちの裾野を広げることができるのではないかと思っています。くずし字を学んだ勤務校の卒業生が、「美術展に行って古筆を読むことができたんですよ！」と、少しばかり得意げに報告してくれたことがとてもうれしかったことを今でも忘れません。小さな喜びかもしれませんが、その技能は確実にその人の人生を豊かにしていると感じています。

とにもかくにも、まずは活字教材を利用するのが常識である国語教育に、くずし字教材を利用して原典へアプローチする課程を加えることについて、さまざまな立場の人が多角的に議論する場ができるとよいと思いますし、今一度、古典を読むという行為そのものの意義についても再考する機会を作ってゆくことを筆者は提案してみたいと思っています。

実践2

国語科教育にくずし字や和本はどう関わるか
——学習指導要領との関連から

加藤直志（名古屋大学教育学部附属中・高等学校）

1 はじめに

本章では、現行の学習指導要領における、国語科、特に古典教育に関わる指導事項に、くずし字や和本の利・活用がどう関わるのかを論じたいと思います（なお、本章で、単に「指導要領」とする場合、「小学校学習指導要領（平成29年告示）」、「中学校学習指導要領（平成29年告示）」、「高等学校学習指導要領（平成30年告示）」を指し、断りのない場合、指導事項の引用もこれらによっています）。

指導要領では、「知識及び技能」「思考力・判断力・表現力等」「学びに向かう力・人間性等」を学力の三つの柱としています。次に、国語科の学習内容が、三つの柱のどこに位置づけられているのかも確認しておきます（「学びに向かう力・人間性等」については、具体的な指導事項に対応する形では取り上げられていません）。

〔知識及び技能〕

（1）言葉の特徴や使い方に関する事項

（2）情報の扱い方に関する事項

（3）我が国の言語文化に関する事項

〔思考力，判断力，表現力等〕

A話すこと・聞くこと

B書くこと

C読むこと[*1]

これらのうち、いわゆる「古典」は、主として「〔知識及び技能〕」の「（3）我が国の言語文化に関する事項」の中の「伝統的な言語文化」や「言葉の由来や変化」という学習内容に位置づけられています。

［資料1］
文部科学省『小学校学習指導要領（平成29年告示）解説　国語編　平成29年7月』（東洋館出版社、2018年）
第2章　国語科の目標及び内容　26頁

	第1学年及び第2学年	第3学年及び第4学年	第5学年及び第6学年
伝統的な言語文化	ア　昔話や神話・伝承などの読み聞かせを聞くなどして，我が国の伝統的な言語文化に親しむこと。 イ　長く親しまれている言葉遊びを通して，言葉の豊かさに気付くこと。	ア　易しい文語調の短歌や俳句を音読したり暗唱したりするなどして，言葉の響きやリズムに親しむこと。 イ　長い間使われてきたことわざや慣用句，故事成語などの意味を知り，使うこと。	ア　親しみやすい古文や漢文，近代以降の文語調の文章を音読するなどして，言葉の響きやリズムに親しむこと。 イ　古典について解説した文章を読んだり作品の内容の大体を知ったりすることを通して，昔の人のものの見方や感じ方を知ること。
言葉の由来や変化		ウ　漢字が，へんやつくりなどから構成されていることについて理解すること。	ウ　語句の由来などに関心をもつとともに，時間の経過による言葉の変化や世代による言葉の違いに気付き，共通語と方言との違いを理解すること。また，仮名及び漢字の由来，特質などについて理解すること。

2　小学校における古典教育とくずし字・和本

小学校の指導要領において、古典に関わる学習目標・内容は［**資料1**］の通りであり、伝統的な言語文化に「親しむ」ことが、すべての学年で求められています。さらに、くずし字に関わるところとしては、五・六年生の「言葉の由来や変化」が注目されます。現在使用されている小学校の教科書を見ると、四社すべてが、万葉仮名（まんようがな）からくずし字へといった、文字の変遷について紹介しています。くずし字で書かれたうなぎ屋やそば屋の看板の写真を掲載している教科書、くずし字と現代のひらがなとの簡略な対応表を掲載している教科書もあり、義務教育の学習内容にくずし字に触れる単元が加わったと言えます。

くずし字を紹介する単元と、本書所収のくずし字教材を関連付けて扱うといった方法などで、古典学習の出発点に立ったばかりの小学生に「古典は面白そうだ」という印象を持ってもらえると理想的です。

3　中学校における古典教育とくずし字・和本

中学校においても、古典に関わる学習目標・内容を

〔資料2〕
文部科学省『中学校学習指導要領（平成29年告示）解説　国語編　平成29年7月』（東洋館出版社、2018年）
第2章　国語科の目標及び内容　25・26頁

	第1学年	第2学年	第3学年
伝統的な言語文化	ア　音読に必要な文語のきまりや訓読の仕方を知り，古文や漢文を音読し，古典特有のリズムを通して，古典の世界に親しむこと。 イ　古典には様々な種類の作品があることを知ること。	ア　作品の特徴を生かして朗読するなどして，古典の世界に親しむこと。 イ　現代語訳や語注などを手掛かりに作品を読むことを通して，古典に表れたものの見方や考え方を知ること。	ア　歴史的背景などに注意して古典を読むことを通して，その世界に親しむこと。 イ　長く親しまれている言葉や古典の一節を引用するなどして使うこと。
言葉の由来や変化	ウ　共通語と方言の果たす役割について理解すること。		ウ　時間の経過による言葉の変化や世代による言葉の違いについて理解すること。

転載しておきます〔**資料2**〕。教科書には、『竹取物語』『枕草子』『平家物語』『徒然草』『奥の細道』などの定番教材が並んでいます。小学校で登場したくずし字を紹介する単元こそ見られないものの、三年間を通して、古典に親しむ指導が求められているほか、さまざまな種類の古典について知ることなども指導事項に含まれています。この点で、くずし字や和本に触れる機会を作ることは、指導要領のねらいに合致していると言えます。

また、書写の指導事項の中に「身の回りの多様な表現を通して文字文化の豊かさに触れ，効果的に文字を書くこと。」（第三学年・エ・（ア））とあり、「読む」学習を中心とする古典の授業に加え、「書く」技能を中心とする書写の授業においても、「多様な表現」の一つとしてくずし字を紹介し、自分の氏名をくずし字で書いてみたり、身の回りで見つけたくずし字を書写してみたりするのも、文字文化への理解を深めるのに有効なのではないでしょうか。

4　高等学校における古典教育とくずし字・和本

二〇二二年度からは、高校でも学年進行で、新科目（「言語文化」「現代の国語」「論理国語」「文学国語」「国語表現」「古典探究」）での授業が始まっています。古典を扱う科目としては、必履修科目「言語文化」と、選択科目「古典探究」がその中心となります（「論理国語」「文学国語」でも扱うことはできます）。

「言語文化」にも、「古典の世界に親しむ」（我が国の言語文化に関する事項のイ・ウ）という指導事項がありますし、「古典探究」では、「先人のものの見方，感じ方，考え方に親しみ，」（我が国の言語文化に関する事項のエ）ともあり、古典に親しみながら、先人の残した文化遺産への理解を深めていくことが求められています。くずし字との関連では、「言語文化」の中の「時間の経過や地域の文化的特徴などによる文字や言葉の変化について理解を深め，古典の言葉と現代の言葉とのつながりについて理解すること。」（我が国の言語文化に関する事項のエ）という指導事項が注目されます。この「文字（中略）の変化」について、指導要領解説には、

> **時間の経過**による**文字の変化**については，まず中国から借りてきた漢字のみを用いて書くことから始まり，やがて漢字を省略したり崩したりした片仮名，平仮名を漢字とともに組み合わせて用いるようになった。このことは文字だけに限らず，語彙や文体にも大きな変化をもたらした。[*2]

と記されており、くずし字について学ぶことを推奨しているとも言えます。実際に、高校の「言語文化」の教科書においても、くずし字について紹介するページを設けるものがこれまで以上に見られるようになりました。

5　おわりに

現行の指導要領の施行により、小学校のすべてと高校の一部の教科書において、くずし字を紹介するページが含まれるようになりました。特に義務教育において全員が学ぶ内容として位置づけられたことの意義は大きいでしょう。また、本書の各所で論じられているように、くずし字や和本は、古典への興味関心を喚起する力を秘めており、小・中・高校を通して求められている、「古典

に親しむ」という指導事項にも益するものです。

博物館や美術館で、和本を目にしても、現状の高校までの教育では、ほとんど読めないのが一般的でしょう。教科書や出前授業などでくずし字に少し触れただけで、それらを読み解けるようになるのは難しいかもしれませんが、たとえごくわずかであっても、実物を見て読める字を見つけることができると、片言のあいさつだけでも、通訳なしで外国人と意思疎通ができた時の、世界が広がるようなうれしさに似た喜びを感じられないでしょうか。

注

＊1　文部科学省『中学校学習指導要領（平成29年告示）解説 国語編　平成29年7月』（東洋館出版社、二〇一八年、第1章総説、七頁）。

＊2　文部科学省『高等学校学習指導要領（平成30年告示）解説 国語編　平成30年7月』（東洋館出版社、二〇一九年、第2章国語科の各科目、一二〇頁）。なお、引用文中のゴシック体は原文のままです。

※本章の初出は、加藤直志「国語科における古典教育の現状と課題」（『同志社国文学』第九四号、二〇二一年三月）です。

illustration 藤咲豆子

実践3

くずし字学習の基礎知識

山田和人（同志社大学）

1　くずし字とは何か

くずし字とは、漢字をくずした文字のことで、古代以来の古文書（こもんじょ）や古典籍（こてんせき）等で用いられています。くずした文字がひらがなやカタカナ、草書体漢字となります。

くずすもとになる漢字を字母（じぼ）と言います。明治三三年（一九〇〇）文部省令第一四号「小學校令施行規則」で五十音順のひらがなの一字に字母一字と統一されました。それ以前は、複数の字母の文字で書かれるので、それを変体仮名（へんたいがな）と言います。

2　くずし字は何が難しい？

くずし字学習では、複数の字母があることを理解するのが最初の難関です。どのような種類があるのか、くずし方があるのか、巻末の「くずし字一覧表」（194頁）を参照してください。

次の難関は連綿体（れんめんたい）と言われる複数の文字を続けて表記するつづき文字で、どこまでが一字かを把握するのが難しいです。

筆文字なので、同じ字母でもくずし方が違うと異なって見えるのも難関の一つ。

ここを押さえれば、くずし字学習は楽になります。例えば「あさかほ」［図1］を例にしましょう。まず、

図1

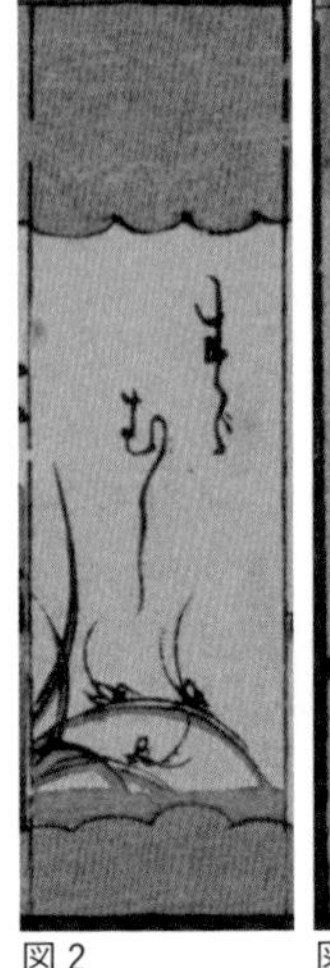

図2

「源氏かるた絵合」（部分、東京学芸大学附属図書館蔵）

絵を見ると、花の色や形、蔓（つる）と葉から朝顔と見当がつきます。そこで文字を見ると四文字であり、最初の「あさ」は今のひらがなと同じ字母です。「かほ」はともに現代の字母「加」「保」とは異なっています。そこで、巻末のくずし字一覧表などを参照して、他の字母を探すと、「可」「本」のくずしであることがわかります。むしろ、古典籍では、こちらの字母の方がよく出てきます。

もう一例として「すゞむし」〔**図2**〕を取り上げます。「むし」は「武」「之」を字母とすることは見当がつきます。そこで何虫かを考えます。「まつむし」「すずむし」あたりが連想されます。「まつ」と「すず」の字母を検索すると、「ま」の字母である「末」と「す」の字母「春」を比べれば、「春」とわかります。「春」の下にある字は踊り字で、繰り返しの符号です。「春」の字母＋踊り字となり、「すゞ」と解読できます。このように、文字がつながっているのを連綿体と言います。一字か二字か、漢字かと考えてみることが大切です。この二例は「源氏（げんじ）かるた絵合（えあわせ）」で、『源氏物語（げんじものがたり）』の帖（ちょう）名が双六（すごろく）風に並んでいます。『源氏物語』の授業の導入にも使えるかもしれません（東京学芸大学附属図書館　https://d-archive.u-gakugei.ac.jp/item/10803354#?page=3）。

このように初学者にとっては、絵と文字が一体になっている教材が最適です。それは絵が文字を読解する上で、その背景や文脈の理解を直観的に類推させてくれる効果があるからです。

ちなみに、異なる字母で書かれた文字を現在通行の字体に置き換えることを翻刻（ほんこく）（翻字（ほんじ））と言います。

3　くずし字学習とアプリ

近年、くずし字学習を支援するアプリが開発され、普及しています。くずし字学習支援アプリKuLAとAIくずし字認識アプリ「みを」です。前者は、複数の字母をアプリで検索できます。KuLAが前掲の「くずし字一覧表」の役割を果たします。後者はAIが自動で解読してくれます。次のページのQRコードや文末のURLからダウンロードして試してみましょう。

使い方としては、対象の文字の見当がつく場合は、KuLAで字母を検索・確認することができ、学習者の読解を支援してくれます。「みを」は文字の見当がつかない場合、AI解読で認識された文字を手がかりに、学習者の読解をサポートしてくれます。また、授業者にとっては、「みを」は学習者の興味や関心を喚起する多様なジャンルの教材探しを強力にサポートしてくれます。ただし、AIはうまく認識できない場合があるので、KuLAで確認するのがいいでしょう。「みを」のカメラで撮影する場合、できるだけ水平に構えて、ゆがみの少ない状態で撮るのがいいでしょう。意味不明なところは拡大して撮影するのも精度を上げる方法です。「みを」は実物だけではなく、デジタル画像も画面で読み取ることができます。AIは計量的分析的に超速の字形認識で最も近い字形を提示してくれます。それを授業者や学習者自身が検証して、本文の文脈や語彙、文法などから読解していきます。そのためには電子辞書などが役に立ちます。学習者にとっては「みを」とKuLAの二段

くずし字学習アプリ「みを」「KuLA」のすゝめ

学習の目的別にアプリを使いこなし、賢くくずし字をマスターしよう

①古典籍の素材を効率よく集めたいなら…「みを」

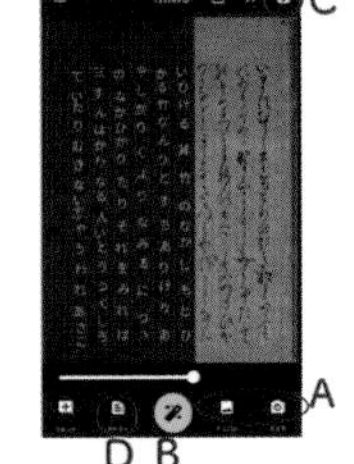

【ここがスゴイ！「みを」の便利情報】

A…古典籍の写真を撮る、または画像フォルダから読み取り。

B…タップでAIがすぐに翻刻！簡単に現代の文字に変換。
上部のゲージを動かせば、元資料との比較も可能。

C…認識した資料が自動保存され、ここにまとめられる。

D…翻刻を自動テキスト化。コピー＆ペーストが楽に。

※画像に使用した資料
「ARC古典籍データベース」(https://www.dh-jac.net/db1/books/search_portal.php)より

⚠注意⚠
AIによる翻刻のため、重なった文字、字母の似た字は正しく認識されないことも。
内容を効率よく、ざっくりと理解するには便利だが、文字の正誤は確認しよう。

②くずし字の基礎理解、翻刻の制度を上げるなら…「KuLA」

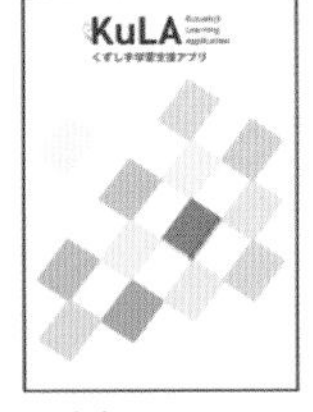

【ここがスゴイ！「みを」の便利情報】

・初学者も安心！基本的な字母から読み方を学べる。

・文字検索機能付きで、ひらがな・漢字の検索が簡単に。

・テスト機能で復習もバッチリ。

・草書体漢字も取り扱っている。

⚠注意⚠
学習可能な取り扱い字母の数には限りがあるので、アプリのみでマスターは難しい。
基礎を固めるにはピッタリなので、入門にはまずこちらを使ってみよう。

☆各アプリのダウンロードはこちらから！

「みを」

iOS

Android

「KuLA」

iOS

Android

階学習として、くずし字学習を促進してくれます。

4 アプリを試す

いくつか読み取りサンプルを提示します。「しやぼん」〔図4〕の素材は鳥羽絵（とばえ）ですが、絵からシャボン玉が飛んでいると見当をつけることができます。KuLAで検索すると「し」は「志」が字母、「ぼ」は前出「本」のくずしとわかります。絵から文字を推測することができるので学習者も楽しんで試すことができます。

図4 『鳥羽絵欠び留（あくびとめ）』（国立国会図書館デジタルコレクション）

図5 『どんじ御（おん）はんじ』（同志社大学文学部国文学科蔵）

続けて、少し長めのサンプル〔図5〕を「みを」を使って読みましょう。

漢字のふりがなは「土俵ぎは」。本文は、「力を入て つき出すと 勝（かち）」と「みを」は解読してくれます。絵と

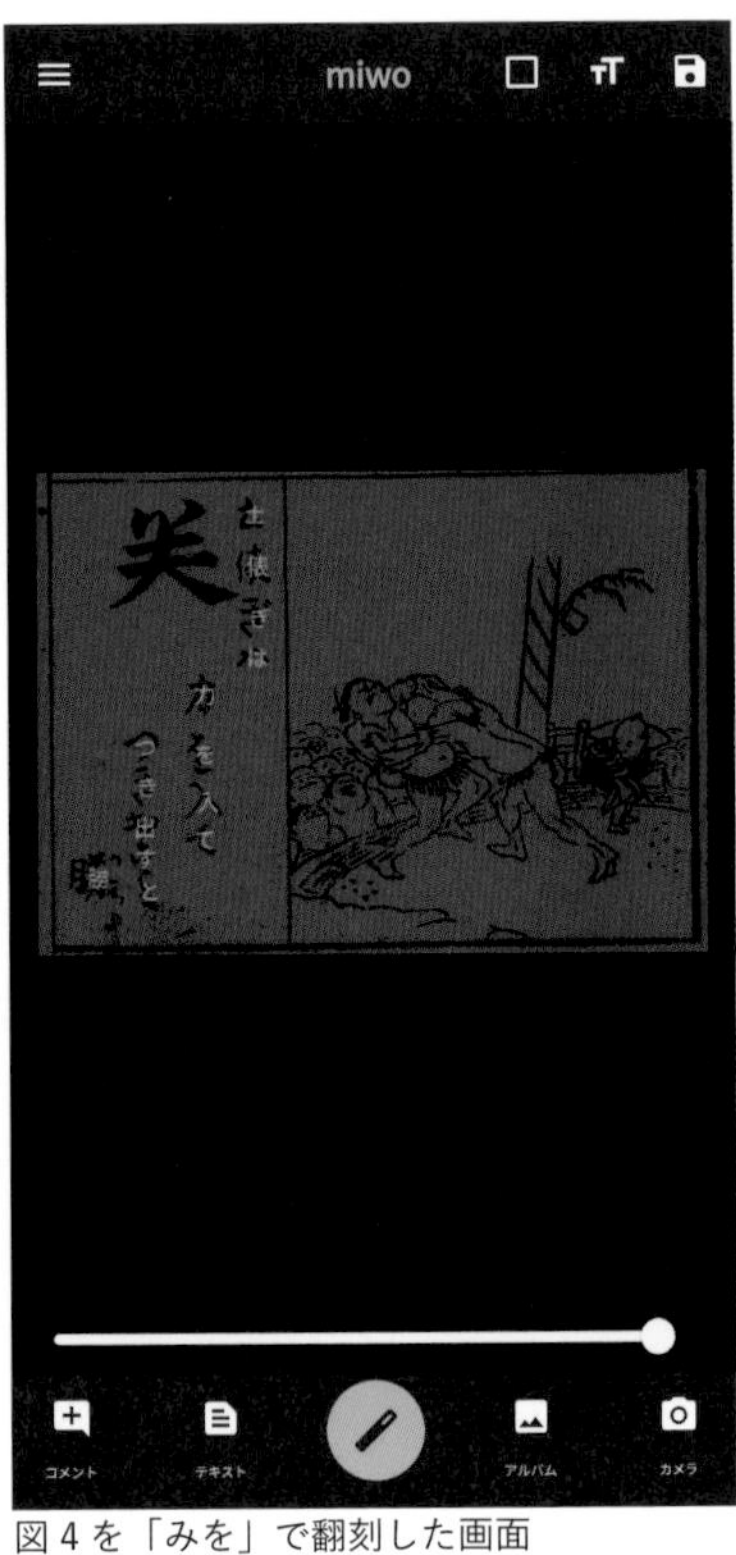

図4を「みを」で翻刻した画面

右画面の「出」を長押しした画面

合わせると、土俵際で力士が突き出して勝ちと読解できます。さらに、漢字の旁（つくり）の一部の下に「力」を入れて、偏（へん）に「月」を出すと、「勝」の漢字になるという判じ物であると解釈できます。「出」という漢字が難しいかもしれませんが、「みを」の画面上でこの文字を長押しすると「出」という漢字を別画面で提示してくれます。KuLAで「出」を検索して確認するのもいいでしょう。

もう一つサンプル［図6］を出しておきます。「こひしかるべき　よはの月かな」三条院「おいしかるべきよはのすしかな」と「みを」は解読してくれます。「みを」は連綿体の文章も認識します。これは百人一首の三条院「心にもあらでうき世にながらへば　こひしかるべきよはの月かな」を元歌として、下の句を「おいしいに違いない夜更けの寿司であるよ」とパロディ化したものと解釈できます。ちなみに「みを」の画面の「か」をタップすると

図6を「みを」で翻刻した画面

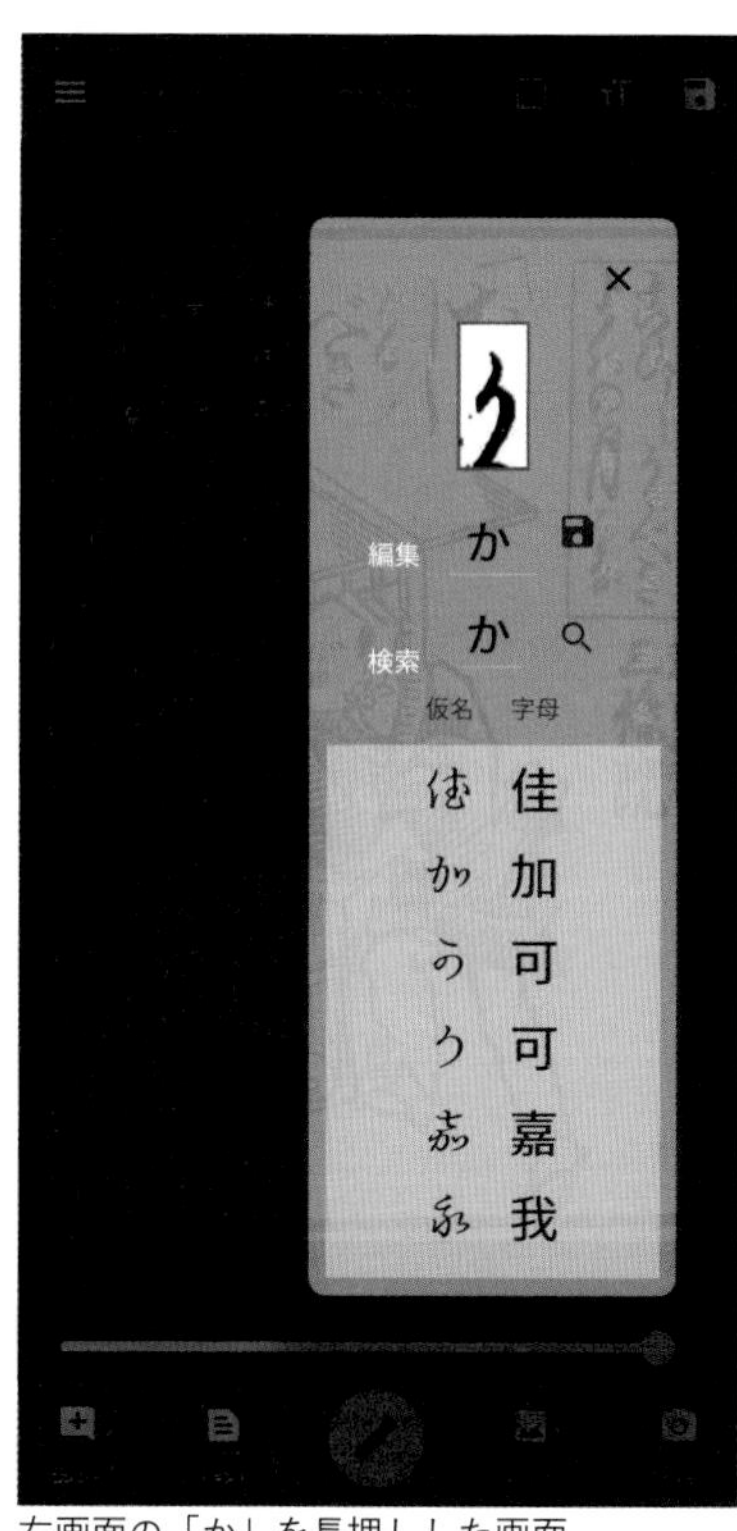

右画面の「か」を長押しした画面

「か」の字母がハイライトしたり、長押しすると字母が表示されます。絵から江戸時代の寿司屋についての調べ学習にも展開できます。百人一首の授業の導入になるかもしれません。「みを」を使えば、教材の範囲が拡がります。

　ここで使用したサンプルの出典は以下の通りです。これらの中には、他にも興味深い例を探すことができると思います。「みを」とKuLAで試してみてください。

図6『百人一首地口絵手本後』（国立国会図書館デジタルコレクション）

・「しゃぼん」国立国会図書館デジタルコレクション。『鳥羽絵欠び留』
https://dl.ndl.go.jp/info:ndljp/pid/2540367
・「勝」国文学研究資料館国書データベース。『どんじ御はんじ』（同志社大学文学部国文学科蔵本表紙には『どんじしう』（鈍字集））
https://kokusho.nijl.ac.jp/biblio/200004531/
・「おいしかるべきよはの月かな」国立国会図書館デジタルコレクション。『百人一首地口絵手本後』
https://dl.ndl.go.jp/info:ndljp/pid/861695

学校教育の現場ではタブレットが学習者ひとり一人に配布されているので、タブレットにアプリを搭載できると、多様な和本やくずし字を古典教育に組み込むことができるようになるでしょう。すでに導入している学校もあります。

5　くずし字学習の参考資料

最後に、くずし字学習に役立つ書籍やサイトを紹介します。

【辞典類】

▼かな（古典籍）の辞典

『くずし字辞典』波多野幸彦監修（思文閣出版、二〇〇〇年）
『字典かな』笠間影印叢刊刊行会編（笠間書院、出典明記二〇一六年、新装版二〇〇三年）

▼くずし字（古文書）の辞典

『くずし字解読辞典』普及版　児玉幸多編（東京堂書店、一九九三年）
『くずし字用例辞典』普及版　児玉幸多編（東京堂書店、一九九三年）

【ユニークなくずし字入門書籍】

『妖怪草紙　くずし字入門』アダム・カバット（柏書房、二〇〇一年）
『書いて覚える　江戸のくずし字いろは入門』菅野俊輔（柏書房、二〇〇六年）
『寺子屋式古文書手習い』吉田豊（柏書房、一九九八年）
『江戸かな古文書入門』吉田豊（柏書房、一九九五年）

参考：『江戸のパロディー　もじり百人一首を読む』武藤禎夫（東京堂出版、一九九八年）

【アプリ】

AIくずし字認識アプリ「みを」（miwo）
http://codh.rois.ac.jp/miwo/
くずし字学習支援アプリ「KuLA」
https://kula.honkoku.org/

【くずし字入門サイト】

▼誠心堂書店「変体仮名　五十音順一覧」は多くの字母を掲載しているので、KuLAが掲載する頻出字母以外を検索するのに便利でわかりやすい。
http://www.book-seishindo.jp/kana/onjun_1.html

▼国文学研究資料館「くずし字を読む」は「くずしって何？」「くずし字問題集」「【初級編】くずし字を読んでみよう！」「【中級編】百人一首をくずし字で読んでみよう！」「【上級編】くずし字を読んで、何の本か当ててみましょう」などを収めています。初学者向けです。
https://www.nijl.ac.jp/koten/kuzushiji

▼日本近世文学会二〇二一年春季大会シンポジウム「デジタル時代の和本リテラシー　古典文学研究と教育の未来」の中の「本シンポジウムにおける情報共有」は、近年のくずし字教育関連のサイトが網羅されており、興味のある方はゆっくりご覧ください。
http://user.keio.ac.jp/~sakura/kinsei/information.html

※現在、国内で公開されている、今すぐ使えるデジタル画像データの所在や取り扱いの留意点については、本書所収の三宅宏幸「古典籍のデジタルアーカイブ利用の一例」をご参照ください。

STEP1　古典への誘い方
STEP2　和本への誘い方
STEP3　くずし字への誘い方

実践4

古典籍のデジタルアーカイブ利用の一例

三宅宏幸（愛知県立大学）

近年、インターネット上において、さまざまな機関による古典籍の画像公開が次々と行われてきました。その画像をいかに活用するかを考えた時、これまで日本近世文学会で行ってきた「和本リテラシー」の出前授業（小中校生を対象に、明治以前の変体仮名や草書体漢字を読み書きすることを通して、和本やくずし字に慣れ親しんでもらう内容）とうまくつながるのではないか、そう考えるようになりました。

このことは、例えば平成三〇年告示の『高等学校学習指導要領』「解説　国語編」における「やがて漢字を省略したり崩したりした片仮名，平仮名を漢字とともに組み合わせて用いるようになった」という記述や、「言語文化に対する興味・関心を広げ，自らが継承，発展させていく担い手としての自覚をもつ」という内容にも沿うように思われます。

では、具体的にどのような資料を授業に用いることができるのか。限られた授業時間や新たな教材を一から作ることも難しい小・中・高の先生方の勤務形態の中で、どのサイトがどのように利用できるのか。ごくわずかな例ですが、ご紹介したいと思います。

1 『源氏物語』の浮世絵

まず一つ目に、国立国会図書館デジタルコレクションをあげます。コンテンツの転載について当サイトには、

「国立国会図書館デジタルコレクション」に収録されているデジタル化資料のうち、個々の画像の書誌情報の公開範囲の記載が「インターネット公開（保護期間満了）」となっている画像は、著作権保護期間が満了していますので、転載依頼フォームによるお

申込みは不要です。

とあります。つまり、当サイトの画面左に記載される「書誌情報」、「公開範囲」が「インターネット公開（保護期間満了）」となっているものは、図書館に申請することなく利用が可能です。

では、国立国会図書館デジタルコレクションにどのような資料があるのでしょうか。例えば、歌川広重画の浮世絵「源氏物語五十四帖 若紫」（請求記号：寄別二—七—二—五）を見てみましょう［図1］。本資料の公開範囲は「保護期間満了」となっており、自由に使用できます。授業で『源氏物語』を扱う際、この浮世絵を用いることで、「若紫」の場面が〈視覚的〉に理解しやすくなるかもしれません。また、菱川師宣画『源氏大和絵鑑』（請求記号：寄別五—五—三—六）の源氏絵もあります［図2］。広重の浮世絵と比較すると、お供がいない、飛んでいく雀の姿が描かれる、などの違いが見られます。こういった絵の比較を行うことで、授業で扱った「若紫」の場面がより記憶に残る手助けとなるのではないでしょうか。

加えて、社会や美術など他教科で学習する菱川師宣や歌川広重らが『源氏物語』の絵を描くという事実は、教科を越えたつながりや文学の広がりを実感する機会となります。

図1 「源氏物語五十四帖 若紫」（国立国会図書館デジタルコレクション）（DOI:10.11501/1308829）

図2 『源氏大和絵鑑』（国立国会図書館デジタルコレクション）（DOI:10.11501/2542790）

2 「鬼」と古方位と昔話

九州大学附属図書館の貴重資料デジタルアーカイブでは、次のように説明されます。

> 九大コレクションで公開している九州大学附属図書館所蔵資料のデジタル化画像は、一部を除き、事前の利用申請をすることなく、無償で、改変・商用利用も含めた自由な利用が可能です（二〇一八年一〇月より）。　＊算用数字を筆者が漢数字に改めました。

画像公開されている資料の「権利情報」がパブリックドメインの場合、事前に申請をすることなく無償で利用することができます。ただ、利用するにあたって改変する場合には注意も必要です。九大コレクションでは「利用条件」として、「九州大学の利益・公共性・品位を損ったり、他の方の人権等を侵害するような利用はお止めください」と掲げています。このことは所蔵機関だけでなく、法律にも関わってくる問題です。著作権は著作者の死後七〇年を原則保護しますが、それを超えても、著作者を貶めるような改変などを行い、著作者の名誉を傷つける場合、著作者人格権侵害となりえるわけです。利用に際しては所蔵先とともに、どこをどのように改変したかなどを示すとよいでしょう。

さて、九大コレクションで公開されている資料に、鳥山石燕画『今昔画図続百鬼』（安永八年（一七七九）刊）があります。その中から「鬼」の画像を掲載してみました［図3］。くずし字で、「鬼　世に丑寅の方を鬼門といふ。今鬼の形を画くには、頭に牛角をいたゞき、腰に虎皮をまとふ。是、丑と寅との二つを合せて、この形をなせりといへり。」とあります。例えばですが、この画像を用いて、古典の授業の最初期に学習する十二支や古方位の話をすれば、生徒の興味を惹けるかもしれません。昔から鬼門と呼ばれる方角は丑寅（北東）で、そのため鬼の容姿は牛の角があり、虎のパンツを履くのだと説明できます。また丑寅（北東）のほぼ反対に位置するのが十二支の申・酉・戌で［図4］、そのため桃太郎のお供が猿と雉（鳥）と犬という説もあります。生徒が持つ昔話の知識と、新たに学習することがつながることで、より記憶に残りやすくなるのではないでしょうか。『続百鬼』は

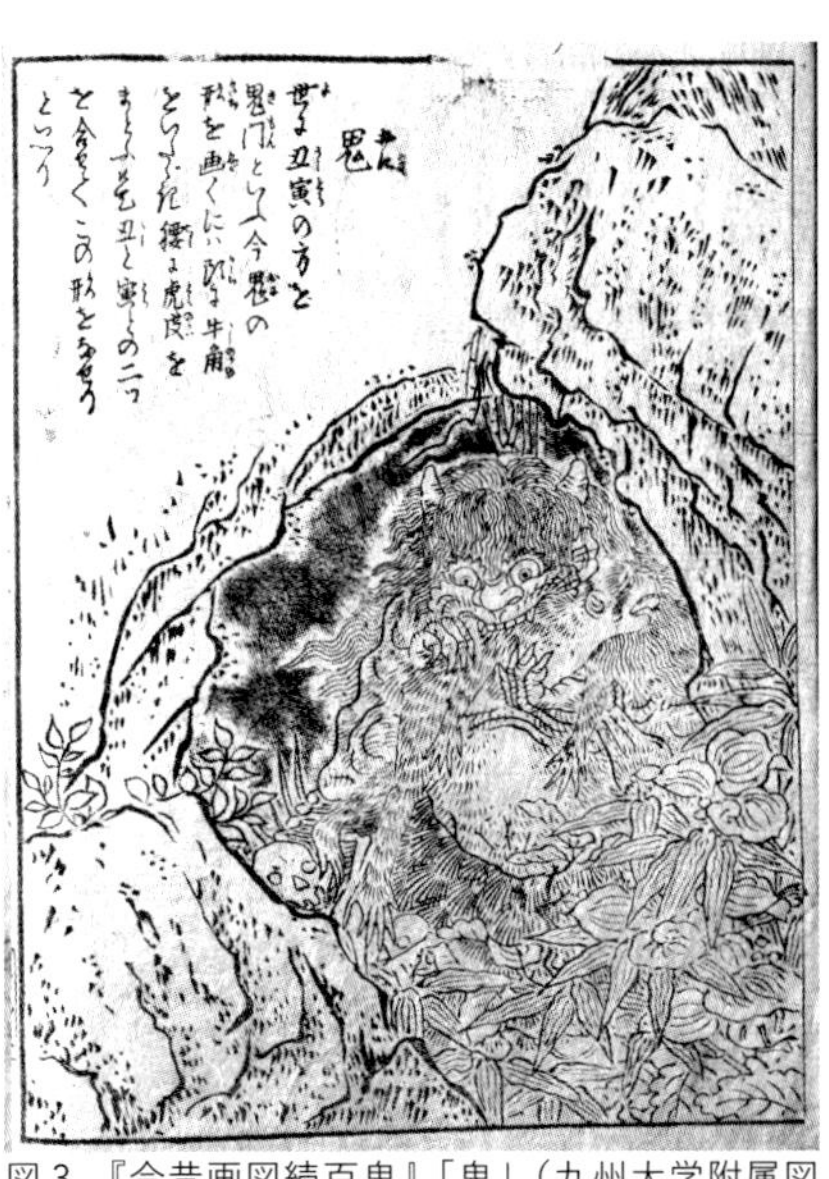
図 3 『今昔画図続百鬼』「鬼」（九州大学附属図書館蔵、請求記号：41/1/096）

図 4　古方位（十二支と方角）

翻刻も出版されていますが（高田衛監修・稲田篤信・田中直日編『鳥山石燕　画図百鬼夜行』国書刊行会、一九九二年）、すぐに用意できるとも限りません。その際に、こういったデジタルアーカイブを利用し、「みを（miwo）」や「KuLA」などアプリの助けを借りながら（前章・山田和人「くずし字学習の基礎知識」参照）、授業を展開してみるのも面白いかもしれません。

3　古典籍のデジタルアーカイブ

今回取り上げたサイトはほんの一例に過ぎません。他にも、国文学研究資料館、国立公文書館、東京大学、京都大学、早稲田大学、立命館大学、慶應義塾大学、同志社大学、愛知県立大学など、数多くの機関や図書館がデジタルアーカイブを公開しています。基本的に所蔵先を提示し、学校の授業で使用する分には申請が不要な機関が多いですが、いきなりすべてのデジタルアーカイブのことを理解するのは面倒と感じるでしょう。今回は、比較的利用しやすいサイトを紹介しました。次頁の参考URLから、ぜひ一度利用してみてください。

【参考デジタルアーカイブ URL】

▶ 国立国会図書館デジタルコレクション
https://dl.ndl.go.jp/

▶ 国立公文書館デジタルアーカイブ
https://www.digital.archives.go.jp/

▶ 国文学研究資料館「国書データベース」
https://kokusho.nijl.ac.jp
＊ただし、画像が公開されていても所蔵元によっては無断転載禁止。

▶ 国文学研究資料館「国語の授業に使える古典籍」
https://www.nijl.ac.jp/koten/image/kokugo.html

▶ 東京大学附属図書館コレクション
https://www.lib.u-tokyo.ac.jp/ja/library/general/collection

▶ 京都大学貴重資料デジタルアーカイブ
https://rmda.kulib.kyoto-u.ac.jp/about

▶ 早稲田大学図書館　古典籍総合データベース
https://www.wul.waseda.ac.jp/kotenseki/

▶ 九州大学附属図書館　九大コレクション
https://catalog.lib.kyushu-u.ac.jp/opac_search/

▶ 立命館大学アート・リサーチセンター
https://www.arc.ritsumei.ac.jp/e/database/

▶ 慶應義塾大学メディアセンターデジタルコレクション
https://dcollections.lib.keio.ac.jp/ja

▶ 同志社大学デジタルコレクション
https://dgcl.doshisha.ac.jp/digital/collections/

▶ 愛知県立大学図書館貴重書コレクション
https://opac.aichi-pu.ac.jp/kicho/index.html

など

第Ⅱ部　教材編

How to use

❶ 問題について

問題は難易度に応じて初級・中級をもうけています。
問題は見開き単位で使用することができます。
下記のウェブサイトで PDF をダウンロードすることも可能です。
https://kotekiri20.wixsite.com/cdemcjl

❷ 教え方について

各問題のあとに「教えるための手引き」を収録していますので、ご参照ください。

❸ 配点について

記入問題は 1 マス 5 点、記述式問題は 1 問 10 点を目安にして作成してありますが、適宜変更してください。

点

問題1

Aの図は江戸時代に刊行された『吉野山独案内』という、大和国（現在の奈良県）の吉野山をとりあげた当時のガイドブックの挿絵です。これを見て、空欄の字を埋めてみよう。

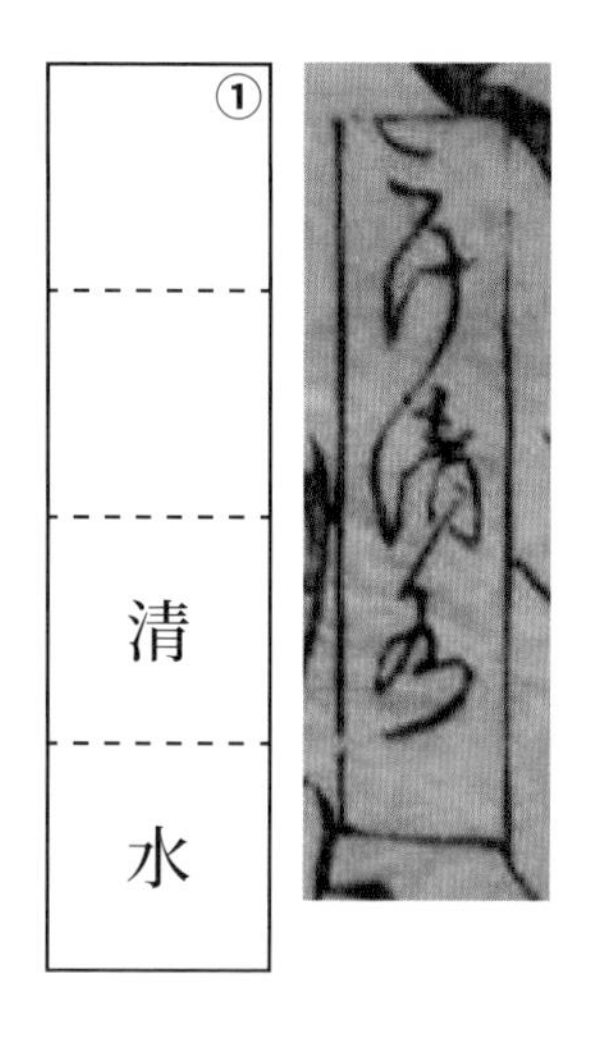

①　□□清水

②　西行□□□□

問題2

Bの図は、江戸時代に松尾芭蕉が書いた紀行文『野ざらし紀行』の一部分です。これを見て、空欄の字を埋めてみよう。

①

露
く

心みに浮世

②

ゝ

B

年　組　番
名前

解答

問題1：①「こけ」②「あんじつ」
「こけ清水」「西行あんじつ」

問題2：③「とく〱」④「すゝかはや」
「露とく〱心みに浮世すゝかはや（すすがばや）」

教材について

ねらい：くずし字に触れながら、和本の種類の豊かさや、松尾芭蕉の旅への思いを実感する。

時間配分：トータル25分。授業時間：5分（くずし字の説明）
問題を解く時間：20分（問題1・2）

対象教科：国語、社会、書写・書道

問題解説

問題1は江戸時代に刊行された『吉野山独案内』という、大和国（現在の奈良県）の吉野山を取り上げた地誌の挿絵です。そして**問題2**は俳諧師・松尾芭蕉が実際に吉野山を旅した時に詠んだ句になります。

問題1

①**「こけ」**は現在でも使用されているひらがなと同じなので、わかりやすかったかもしれません。それに続く「清水」ですが、「清」は書写の毛筆で行書に取り組む時に、書いたことのある人もいるでしょう。「水」のくずし字も特徴的ですね。②「西行」は『新古今和歌集』で有名な歌人、西行法師。**「あんじつ」**は「庵室」。**「つ」**は見慣れないかたちをしていますが、現在、ひらがなとして用いている「つ」と同じく**「川」**が字母になっているくずし字です。西行法師は、吉野山の山奥に自身の草庵をもち、そこで過ごしながら和歌を詠みました。「こけ清水」＝「苔清水（こけしみづ）」は、その庵近くの湧き水です。かつて西行法師が「とく〱と落る岩間の苔清水くみほす程もなき住居哉」と詠んだと伝えられています。『吉野山独案内』には吉野山の名所だけでなく、そこにちなんだ和歌や俳諧が紹介されています。和歌や俳諧は、名所のイメージを形作るのに欠かせないものでした。

そして、面白いのは刊行当時の俳諧愛好者の人々のものと思われる句が、多数掲載されているところです。名所の案内文や古歌とともに、自分の俳諧が出版されるの

ですから、掲載された人々にとっては誇らしく感じられたのではないでしょうか。

江戸時代に入ると、出版文化、俳諧、そして旅と、それぞれの強みが合わさり、歌枕のイメージはより広く、楽しまれていきました。そして、松尾芭蕉の歌枕への旅を楽しみとする読者層が醸成されていきます。

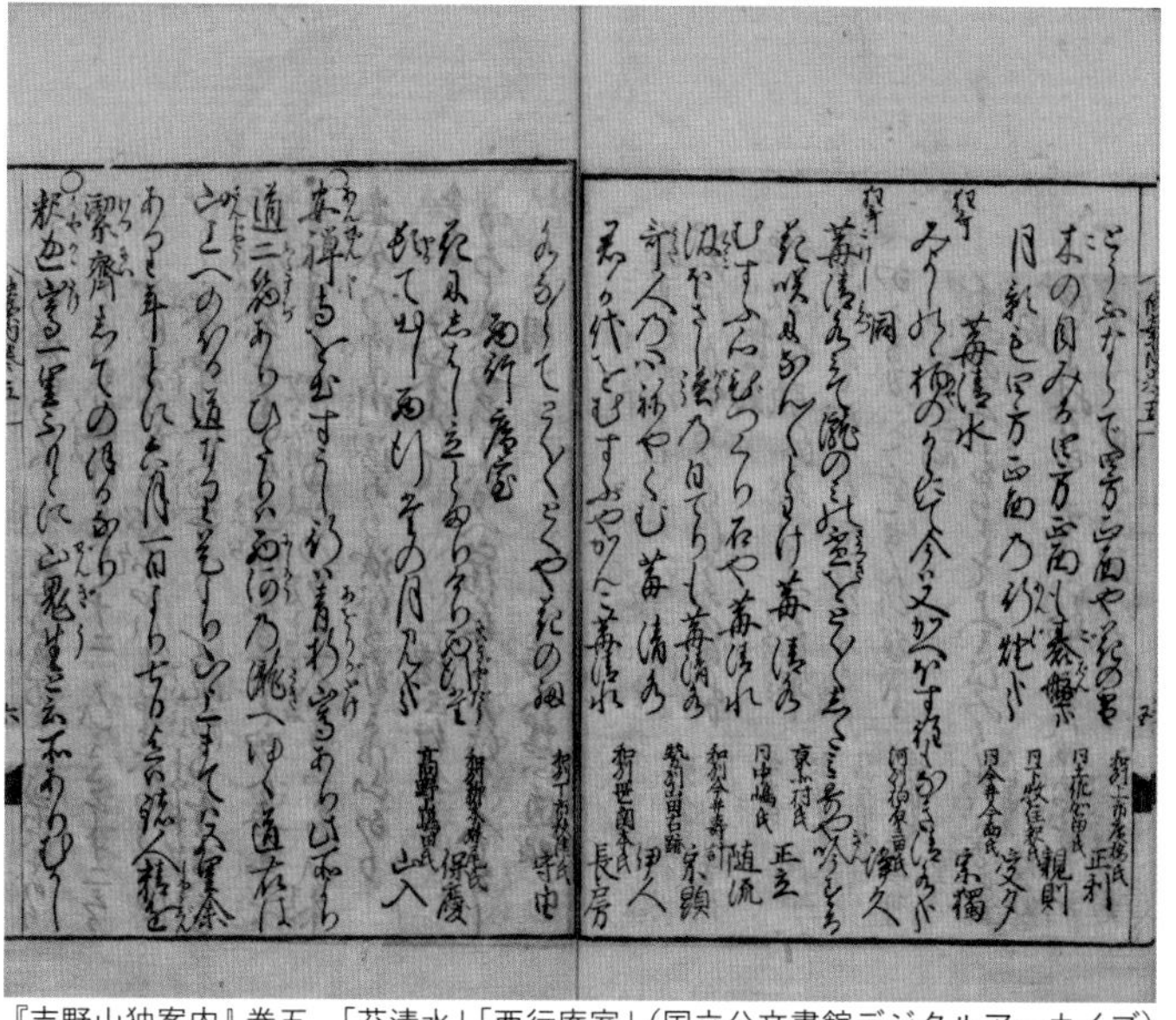

『吉野山独案内』巻五　「苔清水」「西行庵室」（国立公文書館デジタルアーカイブ）

問題1　教材解説

『吉野山独案内』は寛文（かんぶん）一一年（一六七一）刊です。歌枕である吉野を題材にしたさまざまな和歌や俳諧を名所とともに紹介する、ガイドブックのような本です。教材の画像は、「国立公文書館デジタルアーカイブ」（https://www.digital.archives.go.jp/img/4287911）で公開されています。『版本地誌大系　別巻三〈古版地誌〉』（臨川書店、二〇一〇年）には、影印が掲載されていて、ページを手にとりながら内容を確認できます。

問題2　③、④ともに「踊り字」の出題です。「ゝ」その直前の字をくり返す時に使います。また「〱」はその前の複数分の字をくり返す時に使います。松尾芭蕉は貞享（じょうきょう）元年（一六八四）に、深川から東海道を経て、故郷である伊賀上野に向かう旅に出て、その様子を紀行文『野（の）ざらし紀行（きこう）』にまとめました。この句は、その旅の途中、あこがれの西行法師の足跡を求めて、吉野山にある苔清水を訪れた時に詠まれたものです。③の**「とくく」**＝「とくとく」は、水がしたたり落ちる様子を表す擬態語です。西行法師が詠んだと伝わる和歌にある言葉を、芭蕉も用いています。④の**「すゝかはや」**＝「すすがばや」は「すすいでみたいものだ」という意味。湧き水ですすぐといえば手や口などですが、ここで芭蕉が選んだ言葉は「浮世」。この世の中や人生までもすすぐことができそうだと、苔清水の清らかさに感動している様子がよくわかります。

　芭蕉は、貞享五年（一六八八）の春、花見のために吉野を訪れますが、その際にも苔清水に立ち寄り、「春雨のこしたにつたふ清水かな」（『笈の小文』）の一句を詠んでいます。翌年の元禄二年（一六八九）には、西行法師が「道のべに清水流るゝ柳かげしばしとてこそ立ちどまりつれ」（『新古今和歌集』）と詠んだとされる、那須の芦野にある「遊行柳」に立ち寄り、「田一枚植て立ち去る柳かな」の句を詠み、やがてその句は『おくのほそ道』に収められるのでした。

『野ざらし紀行』表紙（国文学研究資料館蔵）

　西行法師は後世、和歌が歌集を通じて親しまれるだけでなく、説話や謡曲、御伽草子などの主人公としても知られており、芭蕉が旅をしていた当時には、西行法師の和歌だけでなく、その生涯をあつかう版本が出版されていました。

　芭蕉が西行法師の足跡をたどり、そこで自身の句を詠み、さらにそれらが紀行文として出版されることは、俳諧を愛好し、旅にあこがれる人々に大きな影響を与えたことでしょう。

　芭蕉は晩年、近江国（現在の滋賀県）の国分山の幻住庵(あん)ですごしました。幻住庵での暮らしをまとめた俳文「幻住庵記」は、元禄四年（一六九一）刊行の『猿蓑(さるみの)』に収められ、芭蕉の名作と評されました。

旅に生きるだけでなく、山中のひっそりとした庵での生活ぶりも、西行法師をお手本とした芭蕉。「幻住庵記」には「たま〳〵心まめなる時は、谷の清水をくみて自らかしぐ（＝炊ぐ）。とく〳〵のしづくをわびて一炉(いちろ)のそなへいとかろし。」と、庵近くの湧き水を描いています。

「幻住庵記」には、国分山からの眺望も描かれ、芭蕉が琵琶湖を中心に、近江の湖南(こなん)にある歌枕を大パノラマとして楽しんでいたことがわかります。山中はひっそりとしており、幻住庵跡には平成に入ってから復元された庵が、芭蕉に思いをはせる人々を迎えています。

大津市国分山にある幻住庵（復元）。すぐそばには「幻住庵記」に登場する近津尾(ちかつお)神社がある。

大津市国分山の「とくとくの清水」

問題2　教材解説

『野ざらし紀行』は出版され、読者の旅へのあこがれをさらに呼びます。今回、教材として用いたのは、「国書データベース」（https://kokusho.nijl.ac.jp/biblio/200031139/）で公開されている国文学研究資料館蔵本で、明和(めいわ)五年（一七六八）の刊行のものです。（担当：永田郁子）

初級

昔の「桃太郎」を読んでみよう！①

問題1 Aの図はある桃太郎の誕生の場面です。空欄のくずし字を読んでみよう。

昔々、あるところに子どもを授かりたい夫婦がいました。
御香宮神社*でお願いをしたところ、
神功皇后が現れ、その夫婦に桃を手渡しました。
その桃を持ち帰ったところ……、

此も*ゝ ① しらて ② しできて、	さもたくましき男子と ③ り。

A

* 御香宮神社…京都市伏見区の神社。主祭神は神功皇后。
* 「ゝ」…「踊り字」と呼び、前の文字をくり返すときに使用します。

点

問題2　B・Cの図は桃太郎の仲間です。空欄を埋めて名前を読んでみよう。

ある節分の夜、桃太郎の姉が鬼にさらわれてしまいます。姉を助けるため鬼退治にでかけた桃太郎が住吉大社にお参りしたところ、二人の仲間があらわれます。

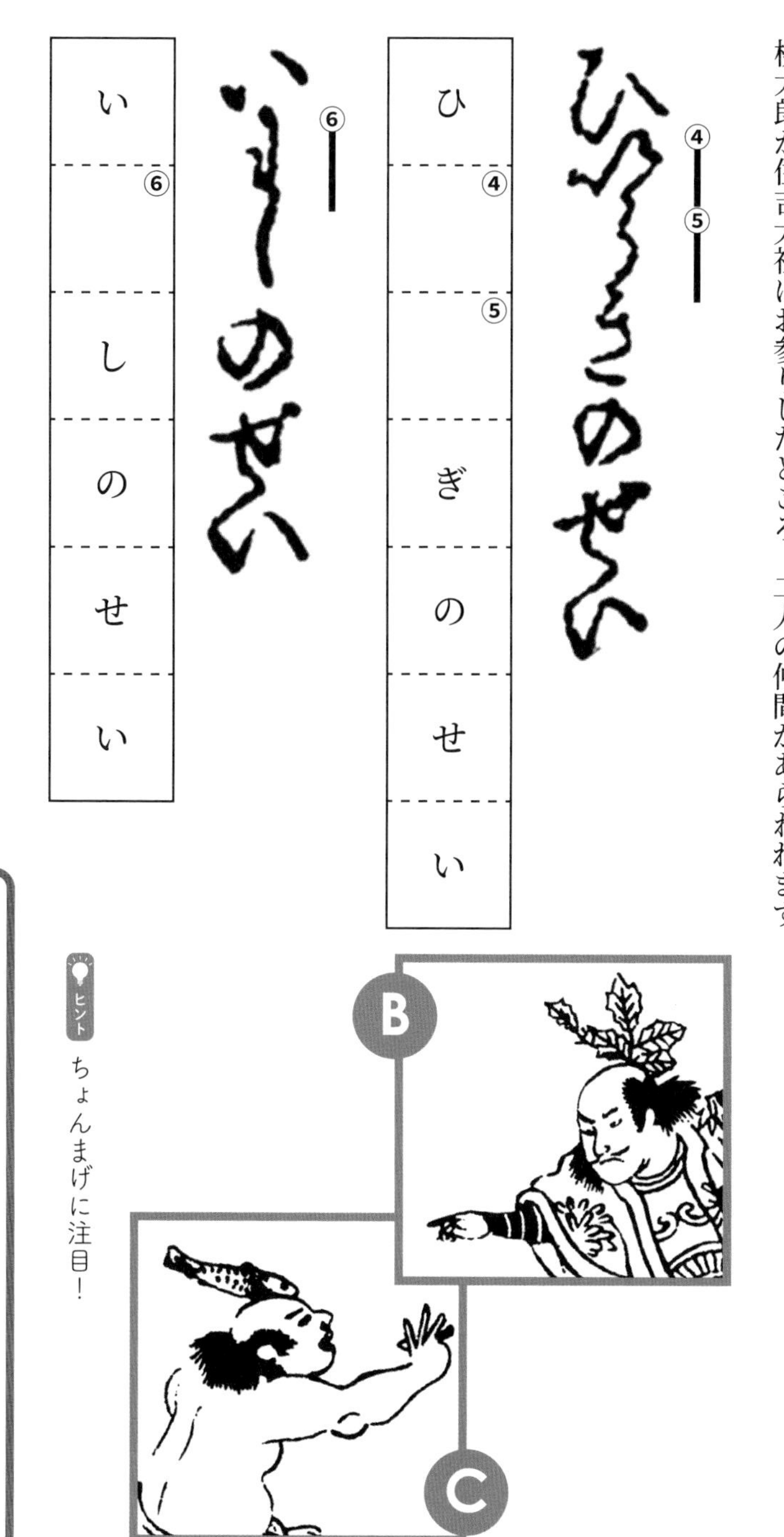

年　組　番
名前

昔の「桃太郎」を読んでみよう！②

問題3　Dの図を見て、空欄の字を埋めてみよう。

桃太郎とその仲間二人は鬼たちを退治します。仲間の一人は右手で鬼を押しているように見えますが、もう一人は……、

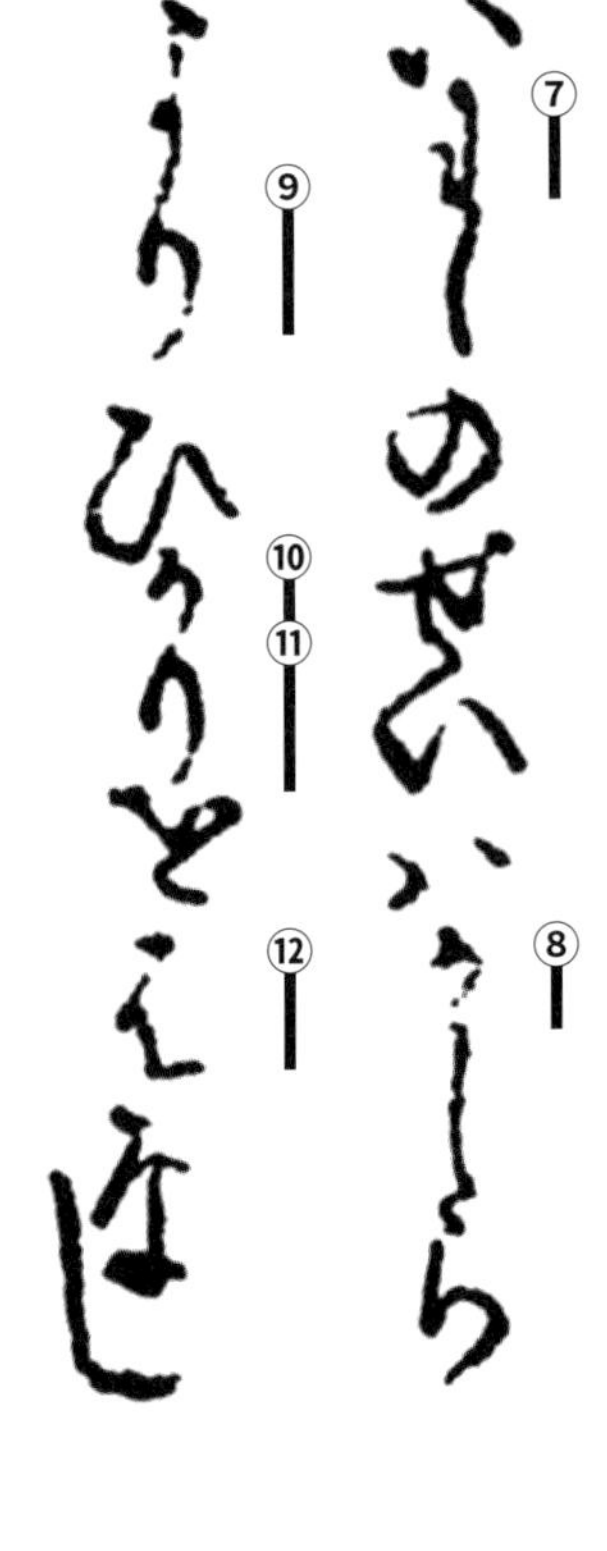

い⑦しのせいは、⑧しら

よ⑨ひ⑩⑪を⑫なし、

ヒント
右側の男のちょんまげからは何が出てる？

点

問題4　Eの図を見て、空欄の字を埋めてみよう。

降参した鬼は、宝物と一緒に、姉を肩車で送り届けました。物語の最後には、日本のある風習の起源について記されます。

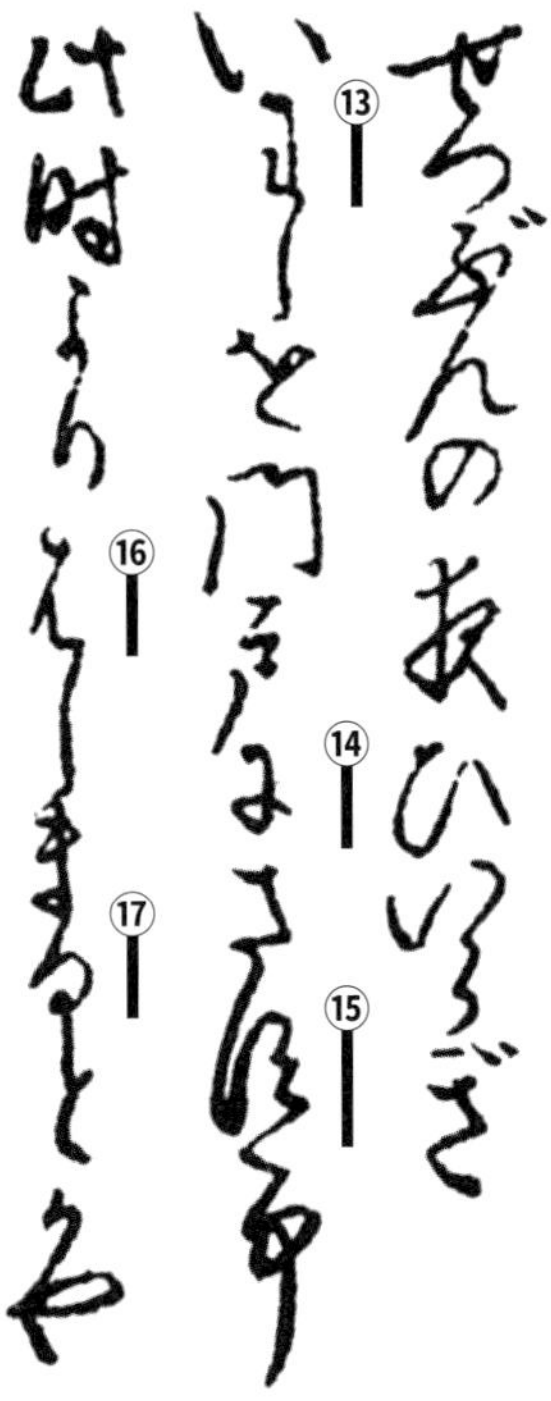

せつぶんの夜ひいらぎ
い⑬しを門（もん）戸（こ）⑭さ⑮事、
此時より⑯じま⑰とかや。

年　組　番
名前

解答

問題1：①か（可）、②あ（阿）、③な（奈）。
「この桃、頭・手足できて、さもたくましき男子となり」（この桃は頭・手足が現れて、いかにも立派な男の子となった。）

問題2：④い（以）、⑤ら（良）、⑥わ（王）。
B「柊の精」C「鰯の精」

問題3：⑦わ（王）、⑧か（可）、⑨り（利）、⑩か（可）、⑪り（利）、⑫は（者）。
「鰯の精は、頭より光を放し、」（鰯の精は、頭から光を放って、）

問題4：⑬わ（王）、⑭に（爾・尓）、⑮す（須）、⑯は（者）、⑰る（留）。
「節分の夜、柊鰯を門戸にさす事、この（此）時より始まるとかや」（節分の夜、柊鰯を家の出入口に挿すことは、この時から始まったのだとか。）

教材について

ねらい：くずし字を学びながら、江戸時代の桃太郎の二次創作を読むことで、古典に親しむ。

時間配分：35分。授業時間：5分（くずし字の説明）、15分（問題1・2）、15分（問題3・4）。

対象教科：国語、社会、書写・書道

問題解説

この教材は、江戸時代に上方（京都・大阪）で出版された桃太郎です。有名な昔話ですが、この桃太郎のあらすじは、現代のものとは随分異なります。それもそのはず、これは桃太郎を脚色した作品なのです。桃太郎は確かに登場し、仲間と一緒に鬼退治をしますが、ユニークな設定や内容に変更されています。そのため、古典を苦手に思っている方にも、楽しんでもらえるのではないかと思います。

問題1　舞台は京伏見。桃山近辺に住んでいた夫婦には娘が一人いましたが、男の子を授かりたいと思い、御香宮神社に祈念します。すると、祭神の神功皇后が現れて、大きな桃を一つ夫婦に授けます。夫婦が持ち帰ると、その桃に驚くような変化が起きます。

問題1は桃太郎の誕生場面からの出題ですが、答えは**「この（此）桃、頭・手足できて、さもたくましき男子となり」**

です。なんと、桃から頭と手足が現れて、男の子になったというのです。図Aの中央にいるのがその桃太郎です。桃太郎の誕生には、桃を食べて若返った夫婦の間に子どもが生まれる「回春型」と、桃のなかから子どもが生まれる「果生型」とがあります。これも「果生型」に分類はできますが、桃自体が男の子になるという面白い設定になっています。

①は**「か（可）」**、よく出てくる字です。②は**「あ（阿）」**ですが、旁が①と同じ「可」ですね。③は現代の字と字母（仮名の元になった漢字）が同じ**「な（奈）」**です。

問題2　桃太郎と名付けられた男児は一年で一〇年分ほど成長します。ある節分の夜、夫婦と桃太郎が恵方の神の参拝に出かけたところ、豆を拾って食べようとやってきた蓬莱の島の鬼に、桃太郎の姉は一目惚れをされ、さらわれてしまいます。桃太郎は姉を助け出すため、鬼ヶ島へ出かけます。

鬼退治のお供といえば、猿・雉・犬ですが、**問題2**はこの桃太郎のお供を答えるものです。答えはB**「柊の精」**とC**「鰯の精」**です。図B・Cはお供の挿絵ですが、髭が葉と魚になっていることが、ヒントになるでしょう。桃太郎が神功皇后にならって摂津国の住吉大明神（現・大阪市住吉区）に必勝を祈願すると、この二人が現れ、桃太郎を助太刀することになります。

なぜ、柊と鰯がお供なのか。それはこの「桃太郎」が狂言「節分」を踏まえていることが関係します。狂言「節分」は、夫が出雲大社へ大晦日の参籠へ出かけ、留守を守っている妻のところへ、蓬莱の島の鬼が節分の豆を拾って食べようとやってくるところから始まります。狂言「節分」で鬼が謡う小歌が、この「桃太郎」に引用され、桃太郎の姉の機嫌を取ろうと踊る鬼は、狂言「節分」で女の気を引こうとする鬼の姿そのものです。つまり、この「桃太郎」は、従来の桃太郎の話に、狂言「節分」を掛け合わせたうえで、さらにオリジナルの脚色を施しているのです。節分には、写真のような「柊鰯」と呼ばれる焼いた鰯の頭と柊を戸口に指す魔除けの風習が今も伝わりますが、そこからこの「桃太郎」では、お供が柊と鰯となっているのです。なお、「柊鰯」

は狂言「節分」にも登場します。

④は**「い（以）」**、⑤は**「ら（良）」**ですが、いずれも現代の字と字母が同じです。⑥は**「わ（王）」**ですが、「は（者）」と似ているので注意をしましょう。

問題3 柊と鰯の精をお供に、桃太郎は鬼ヶ島へと乗り込みます。お供の活躍もあって、鬼の手下たちは皆降参をします。桃太郎は鬼の大将と力くらべで勝負をしますが、すべて桃太郎の勝利となります。

問題3は鰯の戦い方からの出題です。柊の精は、固くてトゲトゲした柊の葉っぱを手裏剣のように投げつけていますが、鰯の精とタッグを組んで戦っています。答えは**「鰯の精は、頭より光を放し」**です。鰯は頭から光を放っているのです。熱光線ではなく、強い光を当て、鬼が立ちくらんでいるところへ、柊が葉っぱで目口鼻をつくという戦法です。死者がでない比較的穏やかな戦い方と言えるでしょう。では、なぜ鰯は光を放っているのでしょうか。それは、鰯が寿司屋で「光り物」と呼ばれるように、青白く光る魚であることから連想されたのだと考えられます。

⑦は**「わ（王）」**。⑧と⑩は**「か（可）」**ですが、①⑥の復習問題ですね。⑨と⑪は**「り（利）」**です。⑫は**「は（者）」**で、**「え（衣）」**や**「み（三）」**と間違えやすいので注意が必要です。

問題4 鬼の大将は力くらべをする際、もし自分が負けたら、桃太郎の姉だけでなく、鬼の宝物である、身につけると姿を隠せる「隠れ笠・隠れ蓑」や、思いのままに何でも出せる「打出の小槌」を差し出すと約束をしていました。取り決め通り、桃太郎は鬼からそれらの宝物を受け取ります。鬼の大将は姉を肩車し、鬼の家来らは宝物を輿に乗せ、桃太郎の国元へ送り届けるのです。図Eは国へ帰る桃太郎一行の様子が描かれています。なお、隠れ笠・隠れ蓑・打出小槌は、狂言「節分」で鬼が女に渡した宝物でもあります。

物語の最後には、日本のある風習の起源について記されていますが、**問題4**はそれを問うものです。答えは**「節分の夜、柊鰯を門戸にさす事、この時より始まるとかや」**です。節分の夜に、柊鰯を家の出入口に挿すことは、この時から始まったらしいと記していま

戸口に挿された柊鰯（右上）
国立国会図書館蔵『案内者』
DOI：10.11501/255419

す。もちろんこれはフィクションですが、節分の夜には、図版（『案内者』寛文二年〈一六六二〉刊）のように、家の出入口に柊鰯を挿し、豆撒きがされていました。このように節分と柊・鰯は関係が深いのです。鰯の頭のようにつまらないものも、それを信仰する人には大事であるという意味で使われる、「鰯の頭も信心から」ということわざがありますが、これは節分の風習から生まれたことを実感することができます。

⑬**「わ（王）」**は復習、⑭**「に（爾・尓）」**は頻出の字、⑮**「す（須）」**は「つ（徒）」と似ているので注意が必要です。また、⑯**「は（者）」**も復習です。⑰**「る（留）」**は、「か（可）」や「な（奈）」と似ているので、気をつけましょう。

このように、くずし字や和本を用いることで、古典文学とは教科書に載っているものだけではないことを学ぶことができます。また、いつの時代も魅力的な作品は新たな作品を生み出すことも感じられるでしょう。この桃太郎は、古典文学の豊かさや楽しさを学ぶことができる、ユニークな古典教材の一つと言えます。

教材解説

底本は国立国会図書館所蔵『絵本集艸』（請求番号181-64）。本資料はさまざまな草双紙（江戸時代の絵本の総称）を文字通り集めた絵本の叢書です。この「桃太郎」もその一部です。底本は「大惣」と呼ばれる江戸時代を代表する貸本屋である大野屋惣八の旧蔵本でもあります。中野三敏・肥田皓三編『近世子どもの絵本集上方篇』（岩波書店、一九八五年）に影印と翻刻が収められていますので、全文はそちらでご確認ください。

なお、本教材を使用した授業実践報告の詳細は、加藤直志・加藤弓枝・三宅宏幸「くずし字による古典教育の試み―日本近世文学会による出前授業」・同「くずし字による古典教育の試み⑸―江戸時代の「桃太郎」を読む・補遺」（参考文献一覧参照）をご覧ください。

（担当：加藤直志・加藤弓枝・三宅宏幸）

初級 昔の「さるかに合戦」を読んでみよう！①

問題1 Aの図は登場人物です。空欄のカニの名前を読んでみよう。

柿の種を拾った猿と、焼き飯を拾ったカニがそれぞれを交換します。カニが種を植え、カニが「柿がならないならちょん切るぞ」と言うと、一夜で大木となりました。猿がやってきて、甘い柿を食べ、渋柿をカニに投げつけます。

さ	①	②	③	④	⑤	さ	の	⑥	け

なんぎ*。

＊なんぎ…難儀。処理することがむずかしい様。

点

問題2　Bの図は登場人物です。空欄の字を埋めて、名前を読んでみよう。

猿に柿を投げつけられ、
怪我を負った鋏之助のもとに、
仲間たちがやって来ます。
その仲間は、蛇、荒布（海藻のこと）、
包丁、玉子、臼、杵、
そしてBの人物はだれ？

B

く	①	②	ち	さ	③	右	衛	門

年　組　番
名前

昔（むかし）の「さるかに合戦（がっせん）」を読（よ）んでみよう！②

点

問題3 Cの図（ず）を見（み）て、空欄（くうらん）の字（じ）を埋（う）めてみよう。

鋏之助（はさみのすけ）の家（いえ）にやってきた猿（さる）。寒（さむ）いので囲炉裏（いろり）にあたろうとしました。すると……、

①	ね	て	②	く	③	し
た	ま	ご	④	ぶ	ん	の
よ	し	と				
⑤	⑥	つ	け	⑦	る	

C

問題4　Dの図を見て、空欄の字を埋めてみよう。

カニの仲間たちはいろいろな方法で猿を懲らしめます。

くまはちさし右衛門の攻撃は……、

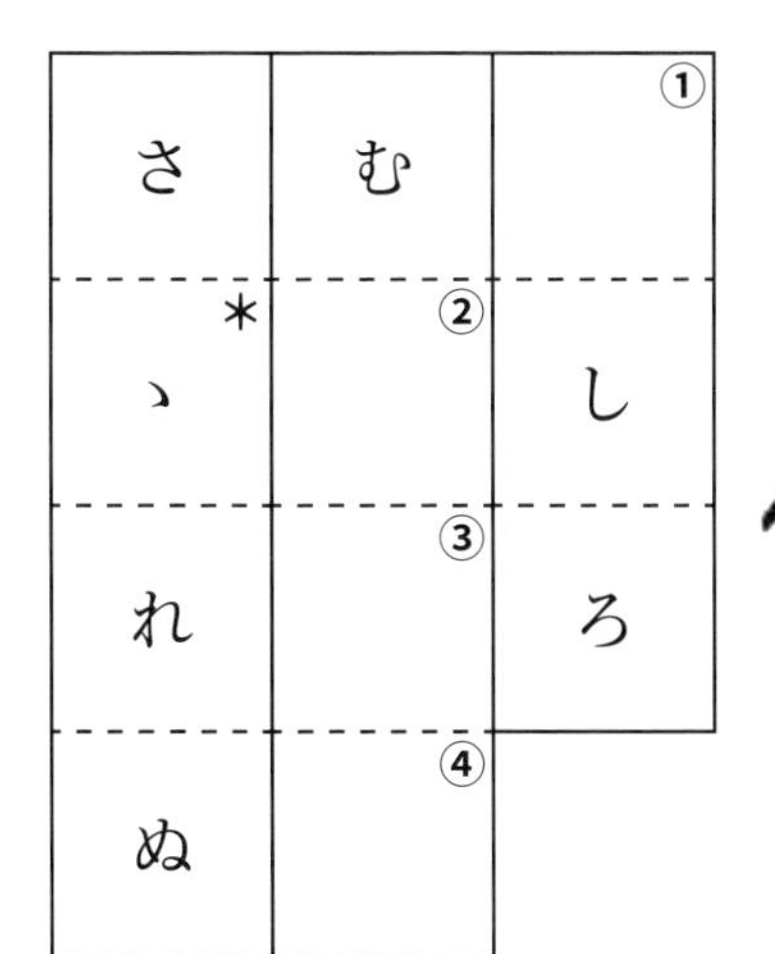

ヒント 絵のくまはちさし右衛門の様子がヒントです。

＊「ゝ」…踊り字と呼び、前の字をくり返します。

年　組　番　名前

解答

問題1：「さわかにはさみのすけ（左王可尓者左三乃春計）」
問題2：「くまはちさし右衛門（久末者知左志右衛門）」
問題3：「か（可）ねてた（多）くみ（三）したまご、じぶん（志不无）のよしとはね（者年）つけけ（介）る（かねて工みし玉子、時分の良しと撥ね付けける）。」
問題4：「う（宇）しろむかねば（可祢者）さゝ（踊り字）れぬ（後ろ向かねば刺されぬ）。」

教材について

ねらい：くずし字を学びながら、江戸時代の昔話と現代の昔話とを比較する。
時間配分：35分。授業時間：5分（くずし字の説明）、15分（問題1・2）、15分（問題3・4）。
対象教科：国語、社会、書写・書道

問題解説

今回扱った問題は江戸時代の「さるかに合戦」です。皆さんご存じの「さるかに合戦」ですが、現代の昔話とは少し内容が異なり、登場人物に名前があったり、カニの仲間が現代の昔話より多いのが特徴です。

問題1　答えは「さわがにはさみのすけ」です。ちょんまげがカニになっていますね、江戸時代の絵本は割とこのように、ちょんまげをその動物などにして描かれました。字の解説ですが、①は**「わ（王）」**です。王はワンと読みますね。その名残です。②は**「か（可）」**、よく出てくる字です。③は**「に（尓）」**、④は**「は（者）」**です。者は漢文で「は」と読むことを習ったこともあるかもしれません。⑤は**「み（三）」**、⑥は**「す（春）」**です。現代の昔話ではカニとしか書かれませんが、江戸時代では名前が付けられていました。漢字で書くと「沢蟹鋏之助」でしょうか。カニだからはさみ、特徴をつかんだ命名ですね。

問題2　答えは「くまはちさし右衛門」です。①は現代の字と字母が同じ**「ま（末）」**です。②は**「は（者）」**、③は**「し（志）」**です。こちらも髷が蜂になっていますね。漢字で書くと熊蜂刺右衛門でしょうか、蜂の攻撃が刺すことから命名されたのでしょう。鋏之助の仲間たちは、蛇（蛇市）、荒布（荒布入道）、包丁（包丁太郎）、卵（玉子）、

臼（たて臼入道）、杵（手杵搗右衛門）など、さまざまな種族がいます。

問題3　さて、猿への仕返しの時間です。鋏之助の家にやってきて囲炉裏にあたろうとした猿に、玉子が攻撃します。①は先に出て来た**「か（可）」**、②は**「た（多）」**、③も前に出た**「み（三）」**です。「かねてたくみし（かねて）」から、前もって作戦を立てていたことがわかりますね。そして、「たまご」がどうしたか、④は**「じ（志）」**、⑤は**「ぶ（不）」**で、「じぶんのよし（時分の良し）」、ちょうどよいタイミングということです。⑥は**「は（者）」**、⑦**「ね（年）」**、⑧は**「け（介）」**で、通して読むと「はねつけける」となります。つまり、玉子は猿がいろりの火に当たろうとした好機に、爆発して猿に攻撃したわけですね。現代でも電子レンジに「卵を温めないで下さい」と注意書きがありますね。卵の性質を踏まえて猿を懲らしめるわけです。

問題4　そして、猿への攻撃方法は多彩です。熊蜂刺右衛門はどのように攻撃したでしょう。これまで学んだくずし字にもありますが、①は**「う（宇）」**、②が**「か（可）」**、③は**「ね（祢）」**、④が**「ば（者）」**です。「さ」の下にある記号は初めて見るかもしれませんが、前の文字を繰り返す「踊り字」という記号です。漢字の「々」を見たことがあるかと思いますが、これのひらがなバージョンと考えるとわかりやすいでしょう。通して読むと「後ろ向かねば刺されぬ」、要は刺右衛門はちょんまげが蜂の形をしているので、後ろ向きにならないと針が猿に刺さらないわけです。なかなか滑稽な攻撃ですね。

　この昔話は最終的に猿が懲らしめられて話を閉じますが、興味深い猿への攻撃が描かれています。

教材解説

　本書は西村重長画『さるかに合戦』です。底本は稀書複製会叢書編の復刻本（米山堂、大正一五年）で、国立国会図書館デジタルコレクションで公開（https://dl.ndl.go.jp/info:ndljp/pid/1183075。DOI：10.11501/1183075）されています。画像を一部加工（レイアウトの変更、問題としない箇所を削除）しました。

（担当：加藤直志・加藤弓枝・三宅宏幸）

【元祖『百人一首』】

天智天皇

〈上の句…5・7・5〉
秋の田のかりほの庵の苫をあらみ＊
〈下の句…7・7〉
わが衣手は露にぬれつつ

（実りの秋、田んぼの近くにある仮の小屋で寝ずの番をしていたら、屋根の編み方が粗いので、その編み目から夜露が落ちて、私の着物の袖は濡れているよ。）

＊百人一首の最初の歌。

点

問題1

①〜③のくずし字（変体仮名）を読んでみよう。

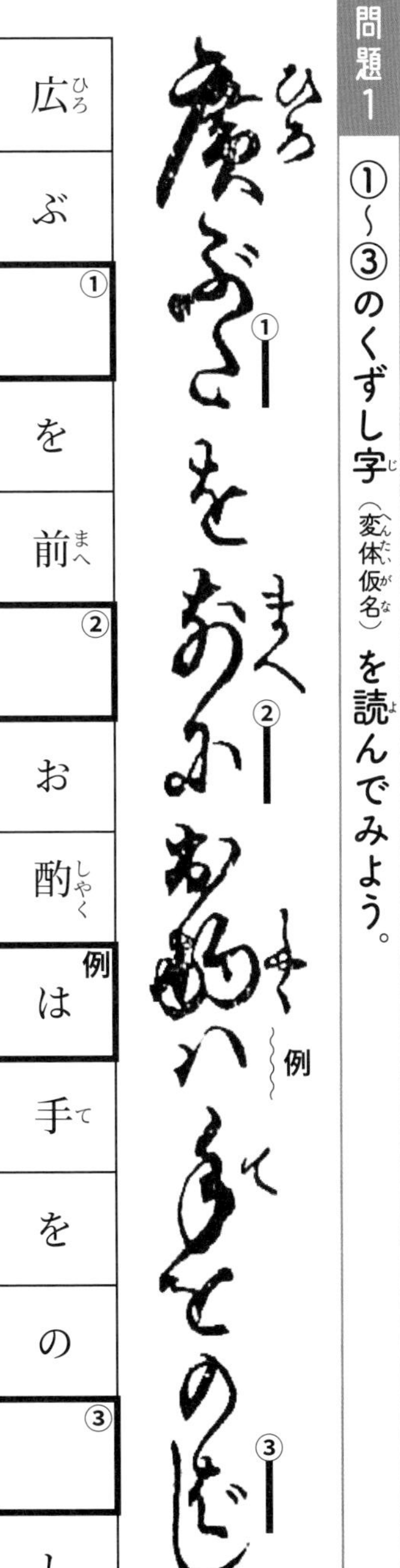

広（ひろ）	ぶ	①	を	前（まへ）	②	お	酌（しゃく）	例 は	手（て）	を	の	③	し

問題2

④〜⑥のくずし字のもとの漢字（字母）をプリントから探してみよう。

わ	が	衣（ころも）	で	は	露（つゆ）	に	ぬ	れ	つ	ゝ
④	⑤		天	例 八		爾（尓）	奴	⑥	川	々

↓おどり字

年　組　番　名前

【元祖『百人一首』】

式子内親王＊

〈上の句…５・７・５〉
玉の緒よ絶えねば絶えねながらへば
〈下の句…７・７〉
しのぶることの弱りもぞする

（命よ、絶えてしまうなら絶えておくれ。このまま生きたならば、恋心をこらえる気持ちが弱ってしまい、人目につくようになると困るから。）

＊後白河天皇の第三皇女。出家して一生独身を通したが、藤原定家とは恋仲だったとも伝わる。

点

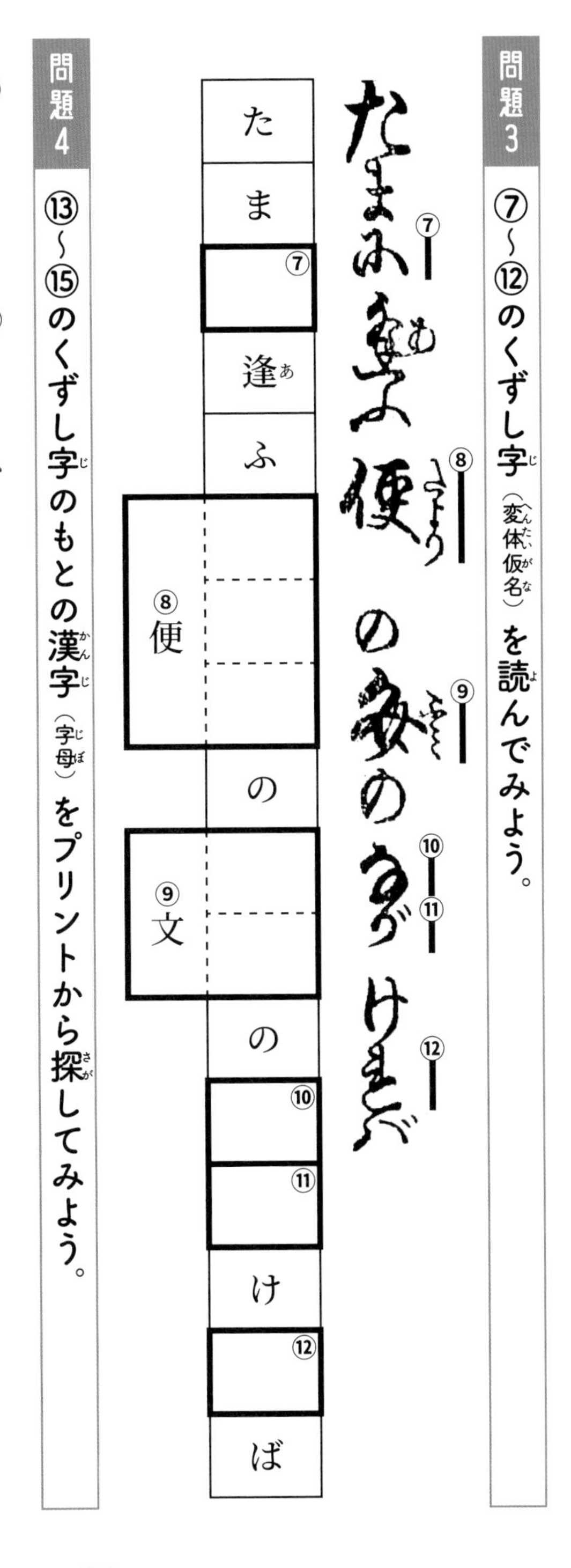

問題3

⑦〜⑫のくずし字（変体仮名）を読んでみよう。

た
ま
⑦
逢（あ）
ふ
⑧便
の
⑨文
の
⑩
⑪
け
⑫
ば

問題4

⑬〜⑮のくずし字のもとの漢字（字母）をプリントから探してみよう。

読み	字母
し	⑬
の	乃
ぶ	不
る	⑭
事（こと）	
の	乃
よ	与
は	八
り	利
も	毛
ぞ	曽
す	⑮
る	（⑭）

年　組　番
名前

解答

問題1：①「た（多）」、②「に（尓）」、③「ば（者）」

問題2：④「王」、⑤「可」、⑥「連」

問題3：⑦「に（尓）」、⑧「たより（多与利）」、⑨「ふみ（不三）」、⑩「な（奈）」、⑪「が（可）」、⑫「れ（連）」

問題4：⑬「志」、⑭「留」、⑮「春」

教材について

ねらい：くずし字を学びながら、古典を用いた〈遊び〉について考える。

時間配分：5分（『百人一首』の説明）15分（問題1・2）、15分（問題3・4）

対象教科：国語、社会、書道

問題解説

今回扱った教材は、幕末の嘉永五年（一八五二）一〇月に江戸で刊行された勧善堂春水著『教歌道化百人一首』（中本一冊）です。

問題1 例の「ハ」は「は」となります。字母は「八」。

①は**「た」**で字母は**「多」**。「た（多）」はくずし字一覧表にありますように、ひらがなの「さ」の横線がないような形で書かれることが多いです。②**「に（尓）」**も頻出のくずし字です。ひらがなの「ふ」と間違われることが多いのですが、「ふ」のように一画目が右下に書かれず、左下に書くところが一つの特徴です。③の**「ば」**は**「者」**が字母の「は」に濁点。漢文の授業で「者」を「は」と読むことを学習したことがあるかもしれません。

問題2 ④の字母は**「王」**。日本では「おう」と読む「王」は中国語ではもともと「わん」の発音で、江戸時代でもふりがなは「わう」と記されます。そのため、**「わ」**と読まれます。⑤は**「可」**。小さい「の」に見えるため、「の」と間違われることが多いので注意が必要です。⑥は**「連」**、この字母も頻出します。

図Aの歌について、「広ぶた」は広蓋盆と呼ばれる浅いお盆で、料理などを乗せます。その広蓋盆を前にしてお酌をしようとすれば、衣の袖が濡れるという意味です。この歌意が面白いかどうかは人それぞれの感性と関わるかもしれませんが、生活の一場面を『百人一首』の下の句「わが衣ではつゆにぬれつつ」に合うように、上の句を詠み込む工夫が見えます。言い換えれば、古典の『百人一首』を生活の一部に取り入れて〈遊び〉を楽しんでいるとも言えるでしょう。

問題3 ⑦は先述の②と同じです。⑧の「便」につくふりがなは**「たより」**です。**「た（多）」**のみが現代で使用されるひらがなの字母と異なります。⑨の「ふみ」の**「み（三）」**は現代のカタカナと同じ字母です。⑩の**「な」**は現代のひらがなと字母は同じものの、現代の「る」と似ているので間違えやすい字体です。見分ける方法としては、現代の「る」の下の丸い部分が大きく書かれることが多いです。⑪は先述の⑤と同じ、⑫も⑥と同じくずし字です。

問題4 ⑬の字母は**「志（し）」**です。この字母は明治時代の活字印刷本にも見られます。⑭は現代のひらがなと同じ字母の**「留」**。⑮の字母は**「春」**。現代日本語では「しゅん」と読みますが、中国語に「すん」の音があることから**「す」**と読まれます。

図Bには、派手な笄(こうがい)を差した女性と猫が描かれており、彼女は遊女と思われます。歌には、たまにしか来ない想い人からの手紙が長いため、堪え忍ぶ心が弱ってしまうという気持ちが詠まれています。元祖の和歌とは少々趣が異なる江戸風の歌と言えるでしょう。

教材解説

『百人一首』は現代でも教科書やカルタなどを通して親しまれる古典文学ですが、日本で最も広く読まれ、数多く出版されたのは江戸時代でした。今回扱った『教歌道化百人一首』（底本は三宅宏幸所蔵本）は、『百人一首』の上の句を当世風の狂句に変え、下の句はそのまま生かし、面白おかしい教訓歌に仕立てた狂歌百人一首です。したがって、パロディ化された上の句の解釈を考える際に、下の句が解答者の手がかりとなります。取り上げた二首は、小学校三～四年生の検定教科書を参考にしましたので、「聞いたことがある」と生徒の反応が返ってくるかもしれません。

詳細は「くずし字による古典教育の試み（4）―教科書教材としての『百人一首』から『教道道化百人一首』へ―」（203頁に書誌を記載）をご参照ください。

（担当：加藤直志・加藤弓枝・三宅宏幸）

点

【菱川師宣画『小倉百人一首』】

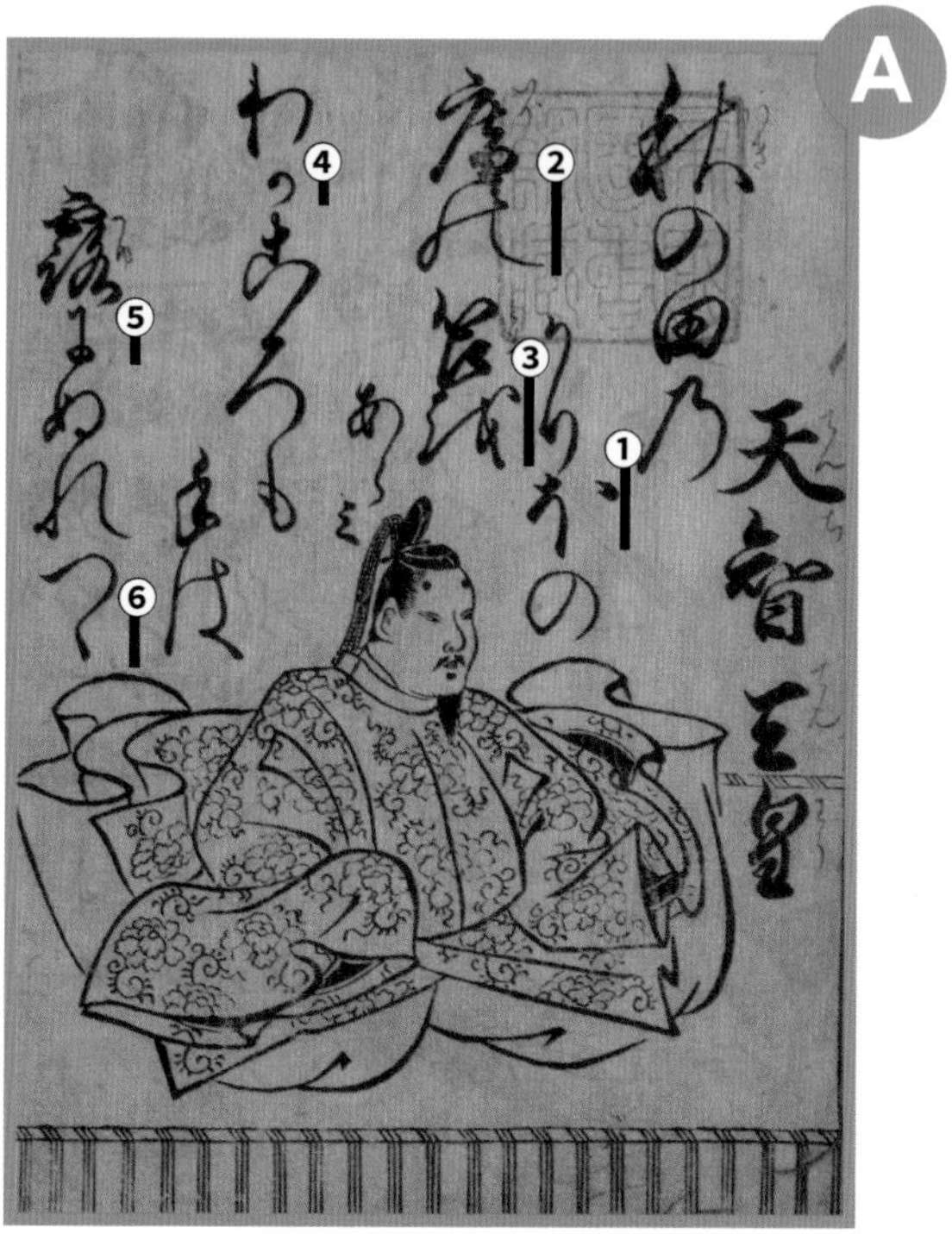

A

天智天皇（てんちてんわう）

秋（あき）の田の
かりほ①の
庵（いほ）の②苫（とま）＊③を
あらみ
わか④ころも手は
露（つゆ）⑤にぬれつゝ⑥

＊苫…茅などで作った、家を覆って雨露をしのぐためのもの。

問題1

Aの下の活字は、図内のくずし字を活字になおしたものです。活字部分の傍線部①〜⑤のひらがなの「字母」（もとの字）を調べて、漢字で書いてみよう。

①

②

③

④

⑤

問題2

傍線部⑥の記号はどのようなことを表しているか、説明してみよう。

年　組　番

名前

『百人一首』とそのパロディを読んでみよう！②

点

【幽双庵著『犬百人一首』】

B

鈍智てんほう＊

あきれたの①
かれこれ
［　　］の友を
あつめ②
我だまし手は
終に＊しれ③つゝ

＊てんほう…ある説では、「伝法」と書き、でたらめなふるまいをする人を表す。
＊終に…「ついに」と読む。

問題3

Bの下の活字は、図内のくずし字を活字になおしたものです。活字部分の傍線部①〜③のひらがなの「字母」（もとの字）を調べて、漢字で書いてみよう。

①

②

③

問題4

B下部の挿絵や図Aの和歌を参考にして、空欄に当てはめるのに最適な言葉を書いてみよう。

の友

ヒント
何で遊んでいるのかな？　挿絵をよく見てみよう！

年　組　番
名前

解答

問題1（括弧内はそのひらがな）：

①本　②能　③越　④可　⑤爾

問題2：ひらがなの同じ文字を繰り返すということを表している。

問題3（括弧内はそのひらがな）：

①礼　②津　③志

問題4：いご（囲碁）

教材について

ねらい：代表的な古典作品によってくずし字について学ぶ。また、そのパロディと読み比べてみることで、江戸時代の人々の、古典作品に接する自由な姿勢を知り、古典作品を読む楽しさを味わう。

時間配分：図AとBで、それぞれ順番に解答する。古語辞典や仮名字典（くずし字一覧）などを利用して調べながら解くとよい。解答時間10分ずつと、解説でトータル50分。

問題解説

小学生や中学生でも触れる機会の多い古典作品として「百人一首（ひゃくにんいっしゅ）」を扱い、同時にそのパロディを読み比べることで、古典を読み、再創造する楽しさを味わうことをねらいとして作成しました。

問題1や問題3は、ひらがなそのものを答えるのではなく、ひらがなのもとの漢字（字母（じぼ））をくずし字の形から推測してみることを目的としています。出題した字は、いずれも現代のひらがなとは異なる字母で、かつ頻出の字を選んでみました。ちなみに、**問題1**の②**「の」**は**「能」**をくずした字ですが、初句「秋の田の」の二つの**「の」**は両者とも現代のひらがなと同じ**「乃」**をくずした字です。形の上では、右下の払いの部分が逆向きになっていることなどが見分けるヒントになるのですが、このように同じひらがなでも字母が違うと形が変わることはもちろんのこと、中には同じ字母であっても形が微妙に違うものもありますので、とにかく字母を意識して形に慣れることが必要です。くずし字一覧などを生徒に配布して、字母をくずした字体を比較させながら字のくずし方に慣れて行くという地道な作業の繰り返しが中級者への早道になります。また、時間に余裕があれば、書写や書道の時間などを利用して、筆を使って実際のくずし字を書いてみても面白いでしょう。この作業は、問題や資料が配布、書き込み自由なアプリを利用すれば、生徒の持つ、ペン入力可能な端末でも行えると思います。

問題2は、繰り返し記号を見分ける練習です。繰り返し記号は「踊り字」といいますが、ひらがなの踊り字（ゝ）や、漢字の踊り字（々）、二字以上の繰り返し（〱）があります。同時に教えるとよいでしょう。

問題4は、やや難度の高い問題です。図Aの「百人一首」と比較すると、該当部分の文字数は二文字であることがわかりますので、図B空欄直後の「の友をあつめ」という部分から、挿絵も参考にして類推させてみましょう。挿絵は、男たちが碁盤を囲んでいる図であることに気づけば答えられます。

教材解説

図Aは『百人一首』で、引用は国立国会図書館のデジタルコレクションにある、延宝八年（一六八〇）に出版された菱川師宣画とされる本を利用しました（https://dl.ndl.go.jp/info:ndljp/pid/2541162）。和歌は、秋の田の、仮に作った小屋の覆いの編み目が粗いので、私の袖は露にぬれている、という意味です。

図Bは『犬百人一首』で、引用は国立国会図書館のデジタルコレクションにある、寛文九年（一六六九）に出版された本を利用しました（https://dl.ndl.go.jp/info:ndljp/pid/932185）。狂歌（滑稽な内容の和歌）は、知力の鈍いならず者が、囲碁で友をだまして勝とうとしますが、知力が鈍いゆえに、その手口が挙句の果てにばれてしまった、という意味です。

授業では、AとBを同時に扱うことで、よく知られた百人一首を題材にして、言葉をたくみに置き替えながら新しい歌を作って楽しもうとする、江戸時代の人々の自由な発想力を味わうことができるでしょう。

（担当：加藤十握）

中級

「天徳内裏歌合」の和歌を読んでみよう！①

問題1

Aの空欄のくずし字を読んでみよう。

点

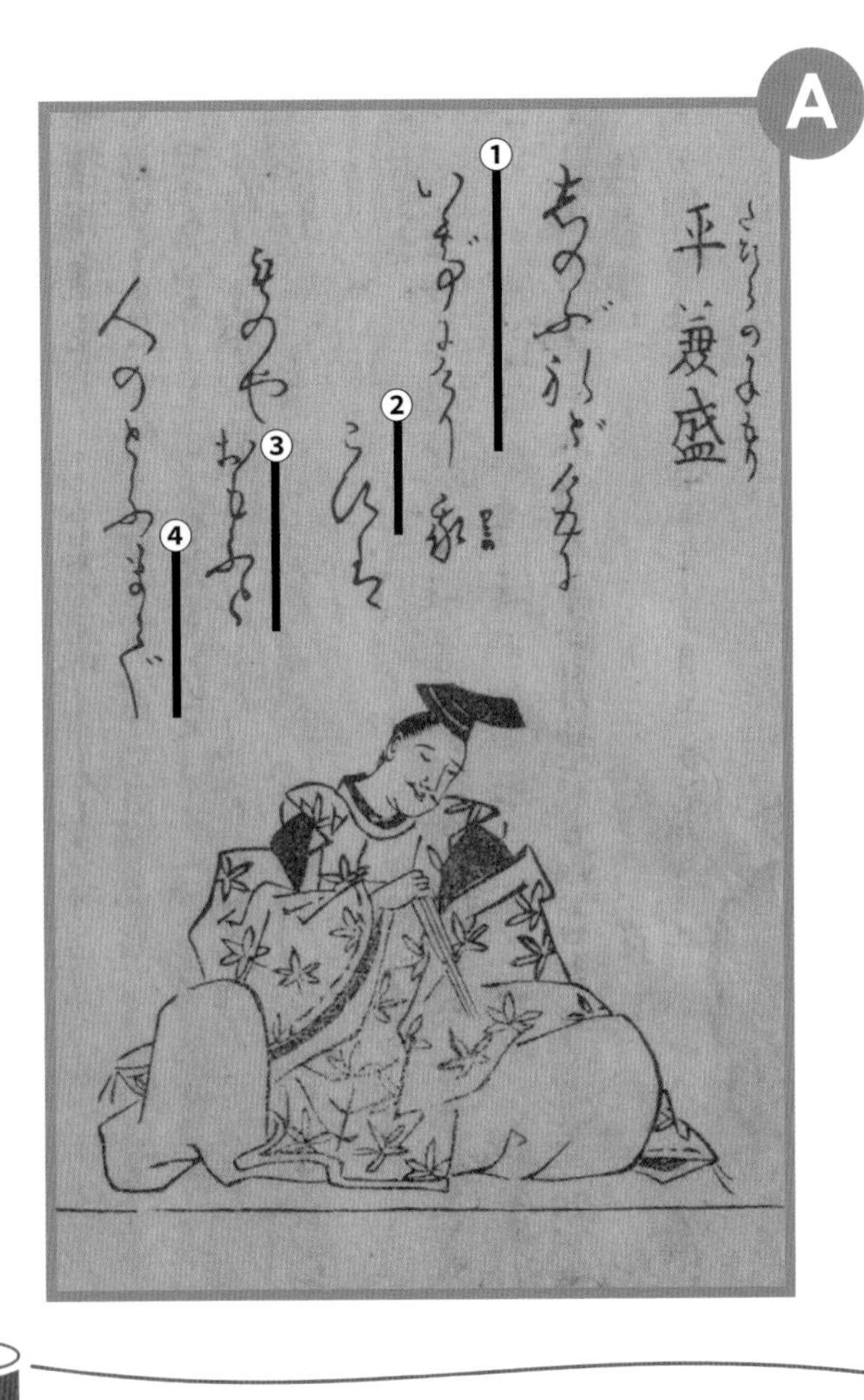

歌合とは？

歌人が左右二組に分かれ、同じ題で詠んだ和歌の優劣を競う遊びです。ひらがなが普及し、和歌が盛んに詠まれるようになり、貴族の間で流行しました。

この和歌は村上天皇の時代、天徳四年（九六〇）に、内裏（天皇の住居、御所）の歌合で詠まれました。

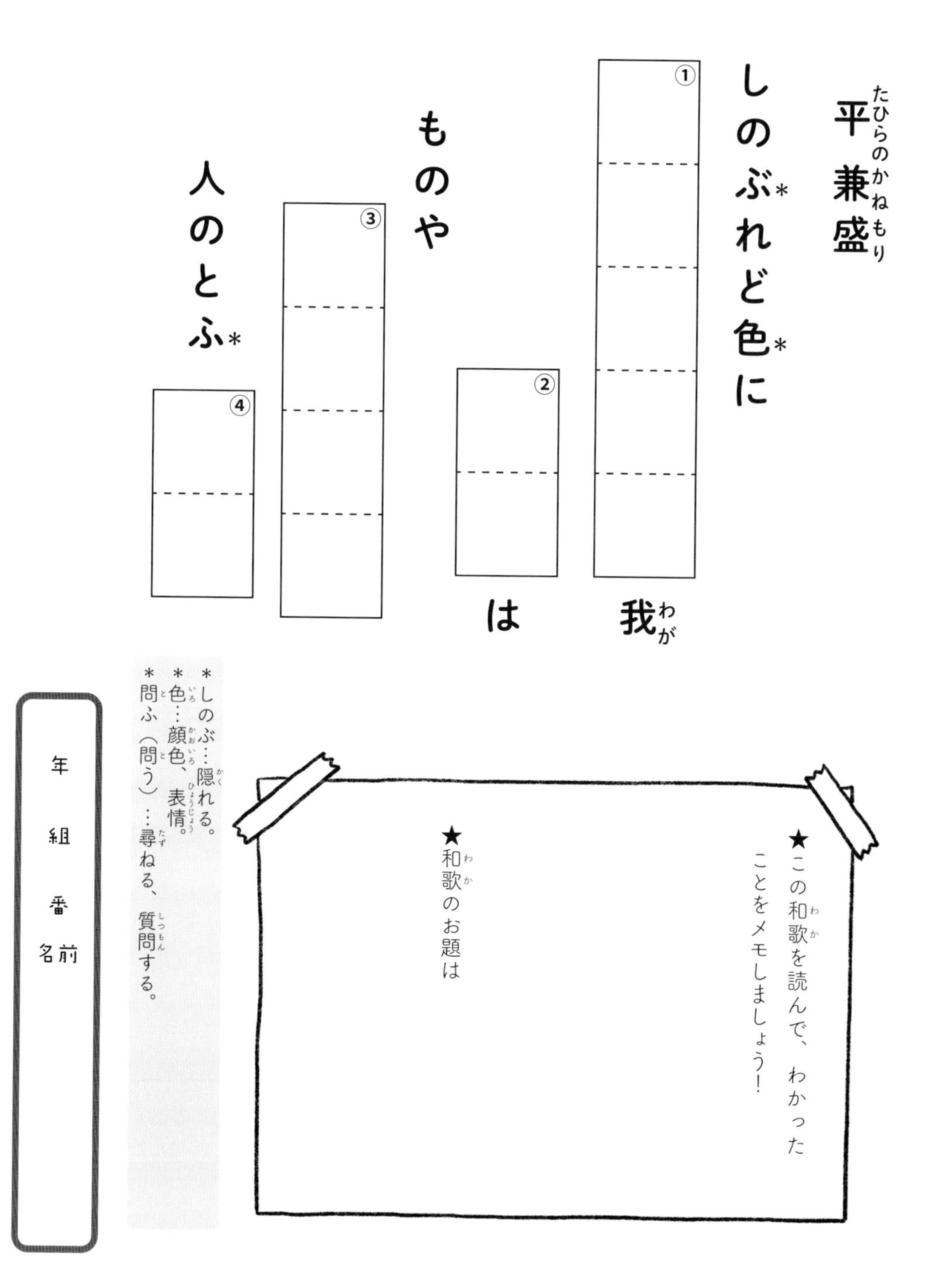
平兼盛（たいらのかねもり）
しのぶ*れど色*に
①
我（わが）
②
は
ものや
③
人のとふ*
④
*しのぶ…隠（かく）れる。
*色（いろ）…顔色（かおいろ）、表情（ひょうじょう）。
*問（と）ふ（問（と）う）…尋（たず）ねる、質問（しつもん）する。
年
組
番
名前
★この和歌（わか）を読んで、わかったことをメモしましょう！
★和歌（わか）のお題は

「天徳内裏歌合」の和歌を読んでみよう！②

問題2

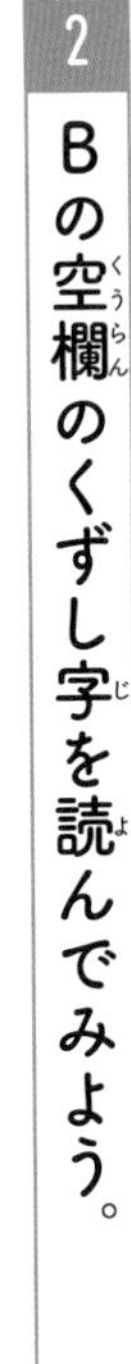
Bの空欄のくずし字を読んでみよう。

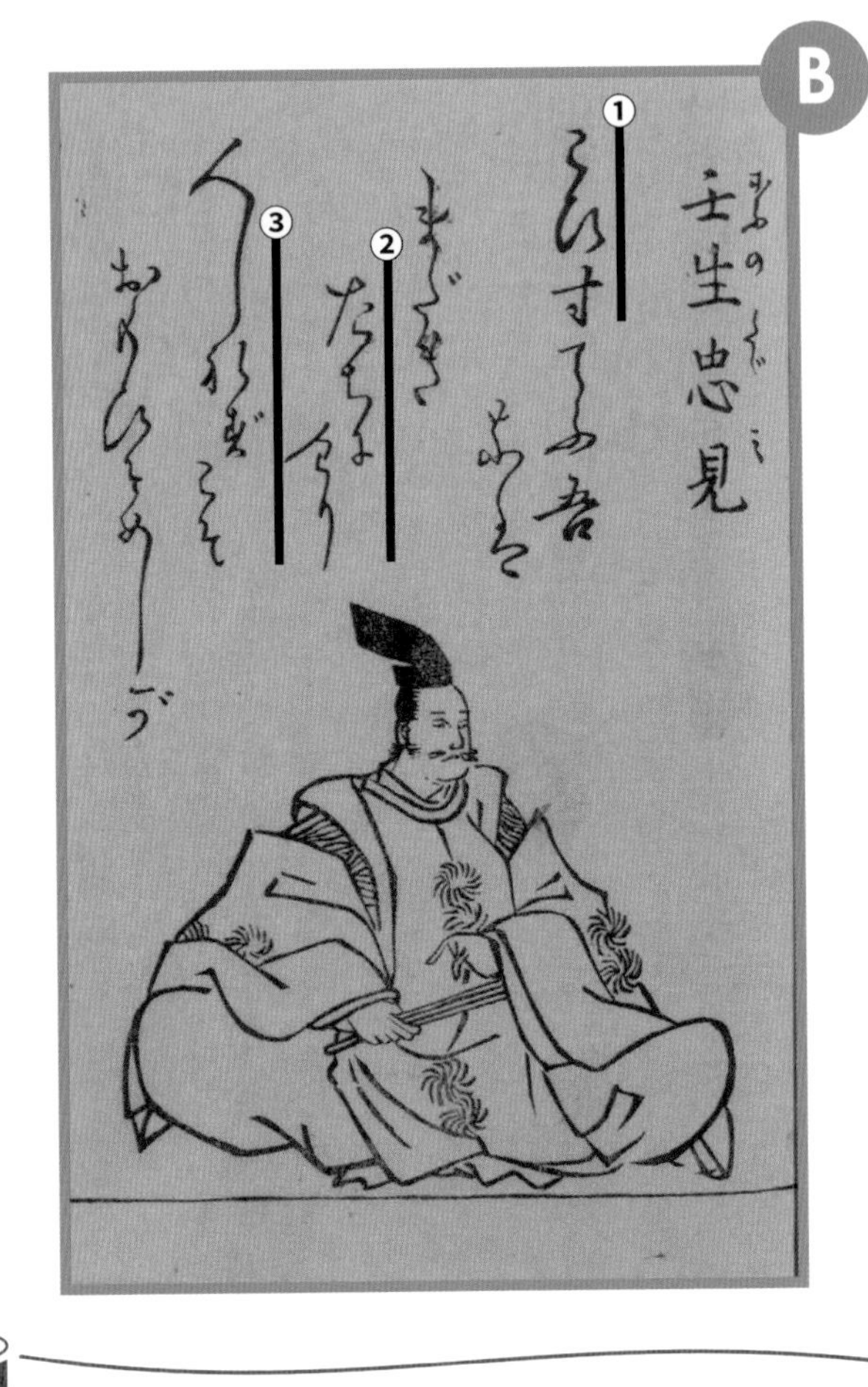

歌合とは？

歌人が左右二組に分かれ、同じ題で詠んだ和歌の優劣を競う遊びです。ひらがなが普及し、和歌が盛んに詠まれるようになり、貴族の間で流行しました。

この和歌は村上天皇の時代、天徳四年（九六〇）に、内裏（天皇の住居、御所）の歌合で詠まれました。

点

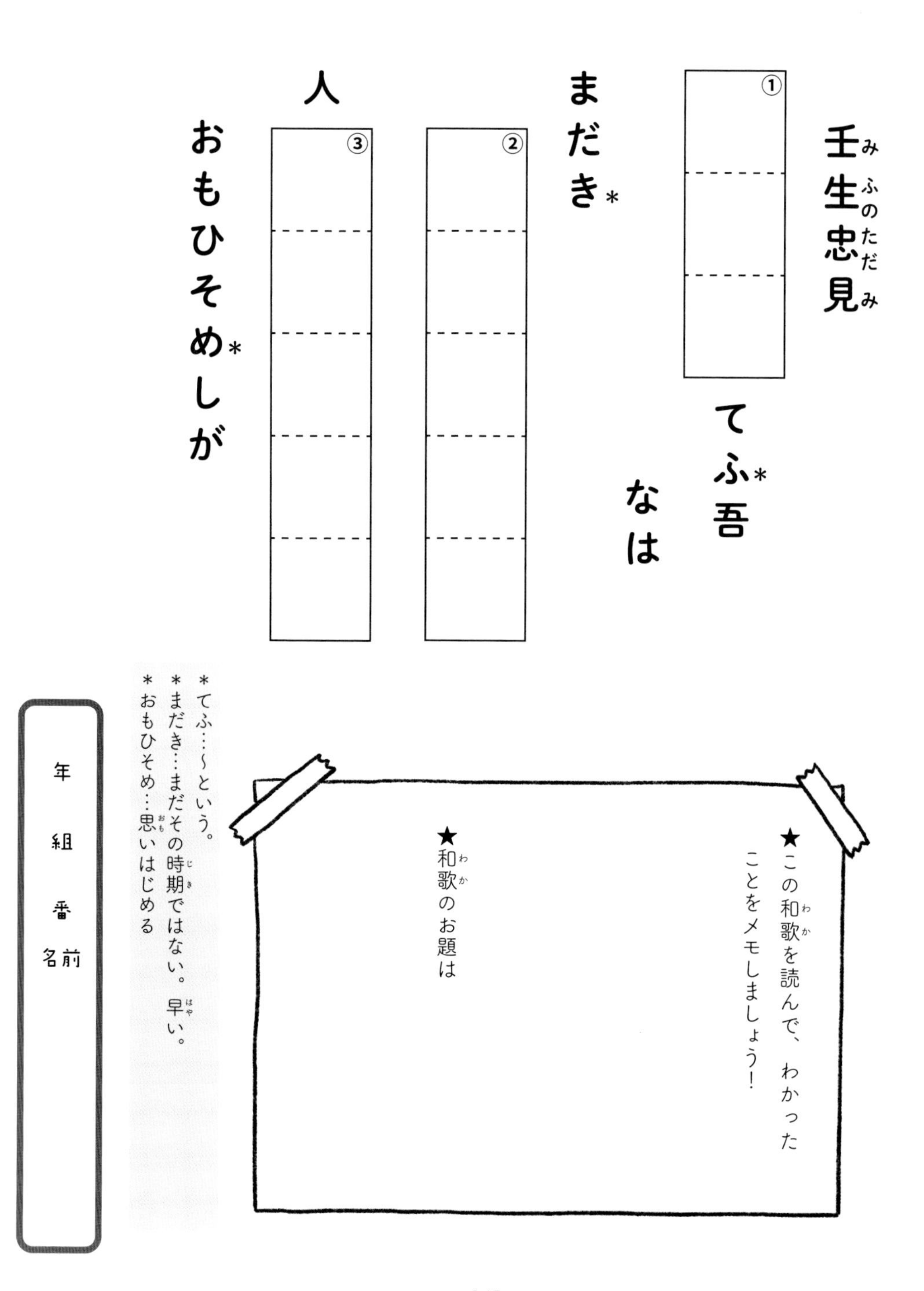
壬生忠見(みぶのただみ)
①
てふ*
吾
なは
まだき*
②
人
③
おもひそめしが*
*てふ…〜という。
*まだき…まだその時期ではない。早い。
*おもひそめ…思いはじめる
★この和歌を読んで、わかったことをメモしましょう!
★和歌のお題は
年
組
番
名前

解答

問題1 ＊括弧内は字母

①いでにけり（以帝爾介利）②こひ（己比）

③おもふと（於毛不止）④まで（末天）

☆和歌のお題「しのぶ恋」

問題2 ＊括弧内は字母

①こひす（己比寸）②たちにけり（太知爾介利）

③しれずこそ（之禮春己曽）

☆和歌のお題「忍ぶ恋」

教材について

ねらい：くずし字の学習を通して、文字や言葉の変化と平安貴族社会における和歌の在り方を理解する。

時間配分：説明5分、解く時間15分、解答解説5分
計20分

対象教科：国語・社会・書道

○使い方（1または2の方法で使用します）

1 問題1または2を単独の教材として使用します。使用しなかった方の和歌は教員が説明してください。

2 ペアワークまたはグループワークで問題1・2をそれぞれ解きます。問題1と2それぞれの和歌の解釈から、この対決のお題を探ります。

＊時間がある場合は調べ学習をします。

問題解説

今回使用した二題は、「天徳内裏歌合」において平兼盛と壬生忠見が詠んだ歌で、名勝負として後世に語り継がれています。双方共に素晴らしい歌で、なかなか決着がつかず、村上天皇（第62代天皇・在位九四六～九六七）に判断を仰いだところ、「しのぶれど」と口ずさんだことから、兼盛が勝ちました。『沙石集』（鎌倉・説話・無住道暁）によると、負けた忠見はショックのあまり、心を病み、「不食の病」（拒食症）になって、亡くなったとされています。しかし、『袋草子』（平安・歌論・藤原清輔）や『忠見集』から、『沙石集』のエピソードはフィクションで、忠見はその後も生きていたことが分かります。このあたりのエピソードは調べ学習に取り入れてみてください。

本来、歌合はお題に対して和歌を詠むものですが、今回は、和歌の内容からどんなお題で競ったのか推理して

みましょう。

問題1 「百人一首」40番の和歌です。（所載歌集『拾遺集』恋一 六二二）作者は平兼盛です。

①**「い」**は現在のひらがなと同じ形で**「以」**からきています。**「で」**は**「帝」**に濁点がついたもの、**「に」**は**「爾」**、**「け」**は**「介」**、**「り」**は**「利」**です。「いづ」はダ行下二段動詞「出づ」（出る）で「にけり」は「〜てしまった」という意味なので、「顔（色）に出てしまった」と訳します。「色」とは、現代と同じ色彩に関する意味だけではなく、色彩の美しさから転じて、人の容姿・容貌の美しさ、人の内面が表れる表情、自然の気配を表現するのにも使われました。特に、「色に出づ」は、恋の思いが表情に表れる場合に用いることが多い表現です。

②**「こ」**は**「己」**、**「ひ」**は**「比」**で「こひ（恋）」を指します。なお、「恋」は恋愛に関する意味以外にも、目の前にないモノを求めて、慕う気持ちを表します。

③**「おもふ」**は現在のひらがなに近い形で、**「於毛不」**です。直前の「や」が疑問の係助詞で「思ふ」が連体形の係り結びとなり、「（恋の）もの思いをしているのか？」となります。**「と」**は**「止」**です。

ハ行四段動詞「思ふ」は、恋愛表現の場合、愛情を誓う語として用いられることがあります。神仏に誓って愛するというニュアンスが込められています。

④**「ま」**は**「末」**、**「で」**は**「天」**に濁点がついたものです。「人が尋ねる（質問する）まで」となります。

和歌全体を活字に直すと、次のようになります。

しのぶれど　色にいでにけり　我がこひ（恋）は
ものやおもふ（思ふ）と　人のとふ（問ふ）まで

訳　隠していても、顔に出てしまった。私の恋は、「恋の物思いをしている？」と人が尋ねるほどに。

表現　二句切れ・倒置法

隠していたはずの恋。しかし、他の人から私を見ると、「どうしたの？」と尋ねられるような顔色をしていたんだ。と会話的要素と客観的要素を両方読み込んだ作品です。「しのぶれど」とありますから、「隠していた恋」＝「忍ぶ恋」がお題だとわかります。

問題2 「百人一首」41番の和歌です。（所載歌集『拾遺集』恋一 六二一）作者は壬生忠見です。

①**「こ」**は**「己」**、**「ひ」**は**「比」**、**「す」**は**「寸」**です。「こひ（恋）」を「す（している）」という意味です。

②**「ま」**は**「末」**、**「だ」**は**「多」**に濁点がついています。**「き」**は**「幾」**です。「まだき」とは、「早くも（まだその時期に達していない）」という意味の副詞です。**「た」**は**「太」**、**「ち」**は**「知」**、**「に」**は**「爾」**で、「たち（立ち）」で、直後の「にけり」が「〜してしまった」という意味なので、「（噂が）立ってしまった」と訳します。

③**「し」**は**「之」**、**「れ」**は**「禮」**、**「ず」**は**「春」**に濁点がつきます。ここでの「知る」（ラ行下二段動詞）は「知っている」ではなく、「知られる」という意味になり、「ず」という打消の助動詞（〜ない）がつくので、「知られない（ように）」となります。「こそ」は現在のひらがなとほぼ同じ形で、「己曽」がもとになっています。「こそ…已然形」で係り結びになっていて、逆説（〜けれど）で訳します。

和歌全体を活字に直すと、次のようになります。

こひ（恋）すてふ　吾なはまだき　たちにけり　人し（知）れずこそ　おもひそめ（思ひ初め）＊しが（しか）　＊教材は「しが」となっています。

訳　恋をしているという噂が早くも立ってしまった。人知れず思い初めたばかりなのに。

表現　三句切れ・倒置法

他の人に知られないようにしていたはずのひそかな私の恋が、なぜか人の噂になってしまっている。隠していたはずなのに、他の人にばれた驚きや戸惑いが感じられます。平兼盛の和歌のように、お題に直結する言葉はありませんが、「隠していた恋」＝「忍ぶ恋」がお題であることが読み取れます。

使用教材

『百人一首抄』は文政二年（一八一九）に江戸時代後期の国学者で、歌学者である長野美波留によって書かれました。上段に三十六歌仙と年中行事、下段に百人一首が書かれています。歌仙絵や歌、歌意、出典などが掲載されています。江戸時代後期の作品ですので、くずし字も比較的読みやすく、初級教材としておすすめです。底本は「国立国会図書館デジタルコレクション」で公開。https://dl.ndl.go.jp/info:ndljp/pid/2538626

（担当：岩崎彩香）

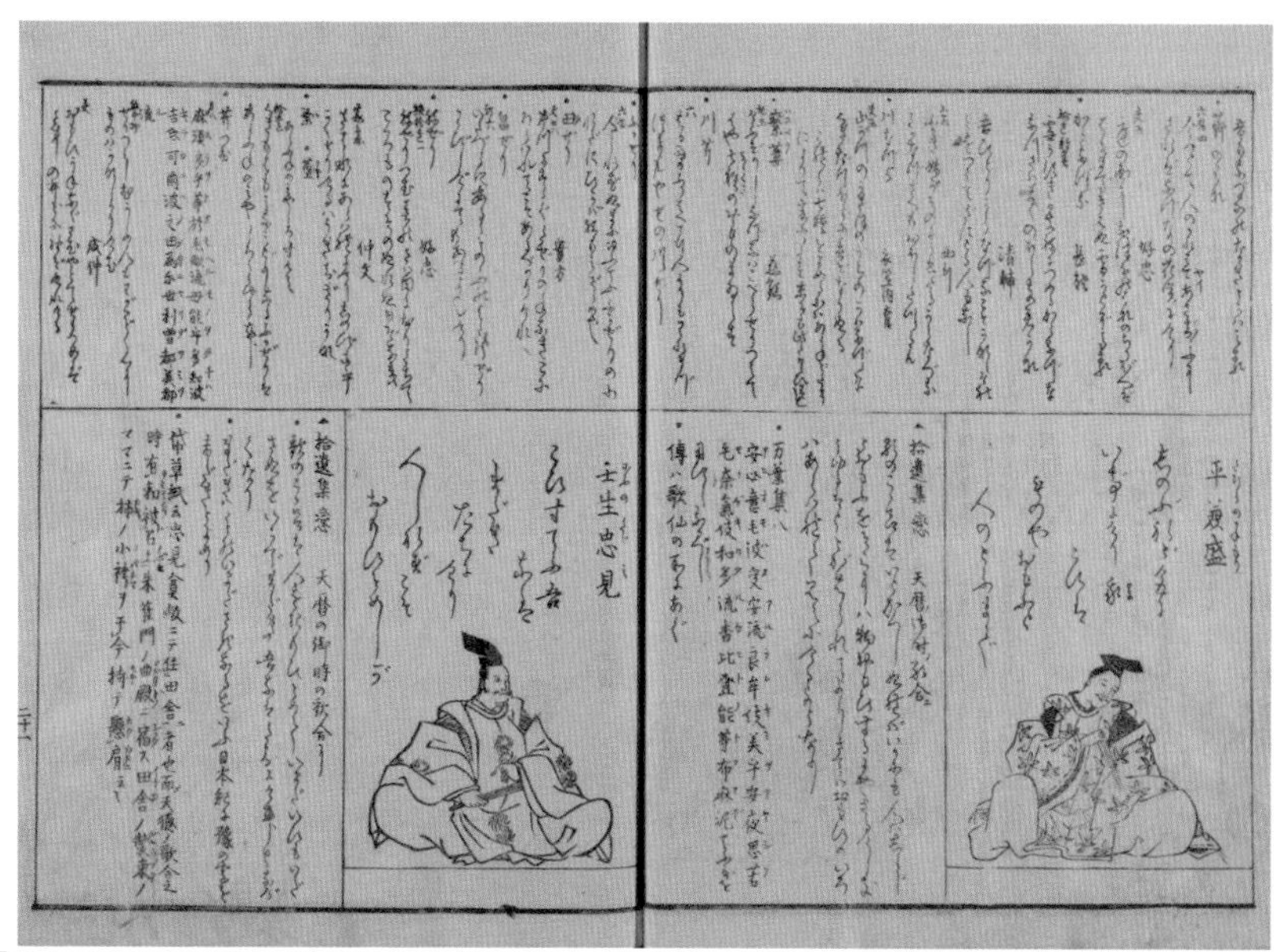

『百人一首抄』平兼盛・壬生忠見の歌が掲載されているページ（国立国会図書館デジタルコレクション）

『百人一首抄』表紙（国立国会図書館デジタルコレクション）

初級

小袖雛形本を読んでみよう！①

問題1　Aの図を見て、空欄の字を埋めてみよう。

小袖雛形本とは、江戸時代の小袖（現在の「きもの」のもとになった衣服）の図案集です。当時の人が「ファッションブック」として眺めて楽しんだり、小袖を作る際に図案製作の参考にしたりしました。

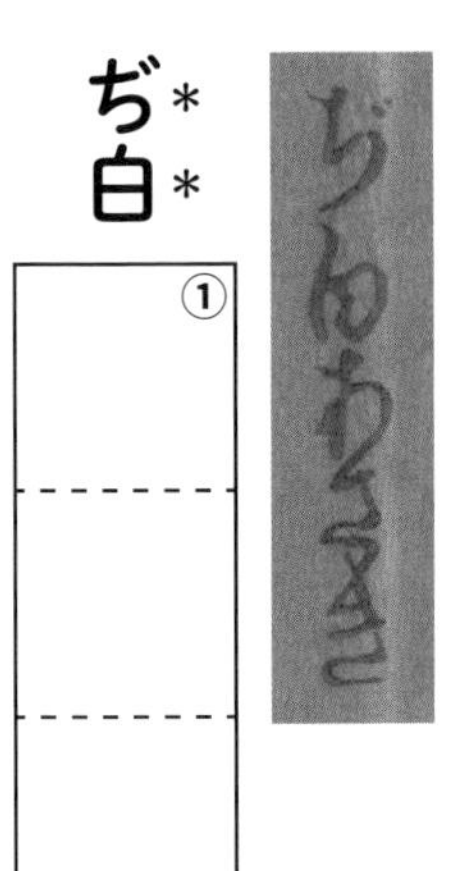

ぢ＊白＊

①

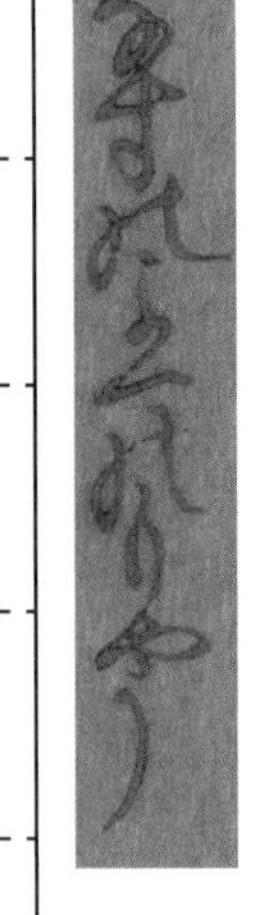

②

のも＊やう＊

ヒント

②には漢字が一文字入っているよ！

A

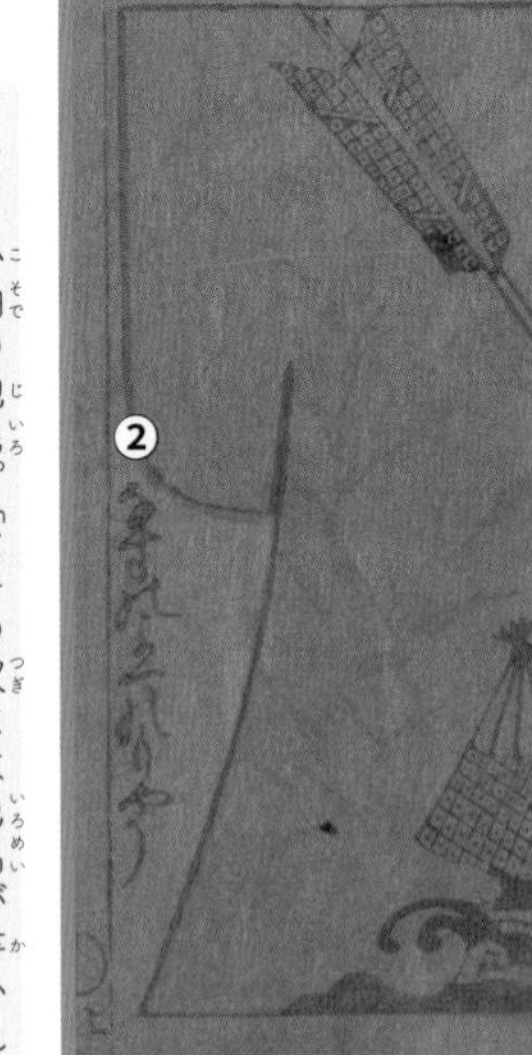

＊ぢ…小袖の地色。「ぢ」の次には色名が書かれ、この小袖の下地を何色に染めるのかを指示している。「地」と漢字で書かれることもある。

＊白…この小袖は二色の染め分けとなっており、そのうちの一色は白が指定されている。

＊の…もとの字は「能」。（現代の「の」は「乃」）。

＊もやう…「模様」のこと。

点

問題2

Bの図を見て、空欄の字を埋めてみよう。

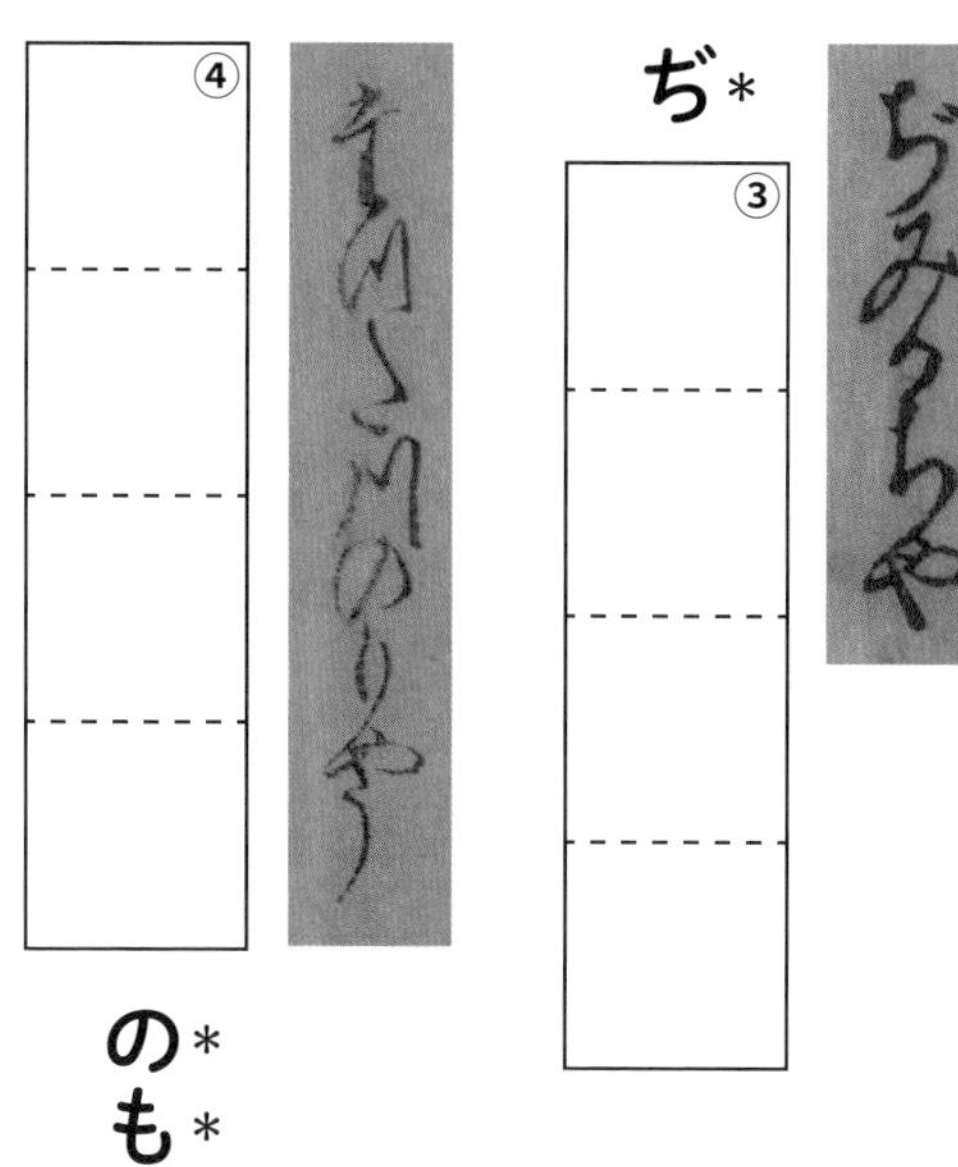

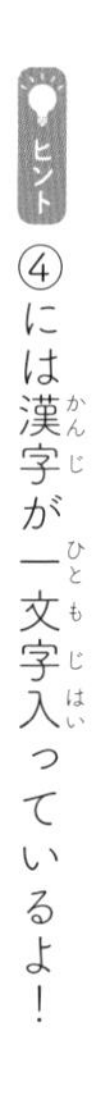

④には漢字が一文字入っているよ！

*ぢ…問題1に同じ。
*の…問題1に同じ。
*もやう…問題1に同じ。

年　組　番
名前

小袖雛形本を読んでみよう！②

問題3　Aの図を見て、空欄の字を埋めてみよう。

小袖雛形本とは、江戸時代の小袖（現在の「きもの」のもとになった衣服）の図案集です。当時の人が「ファッションブック」として眺めて楽しんだり、小袖を作る際に図案製作の参考にしたりしました。

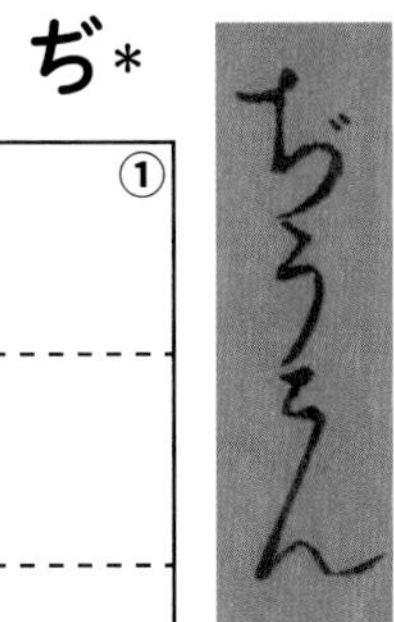

ぢ*

①

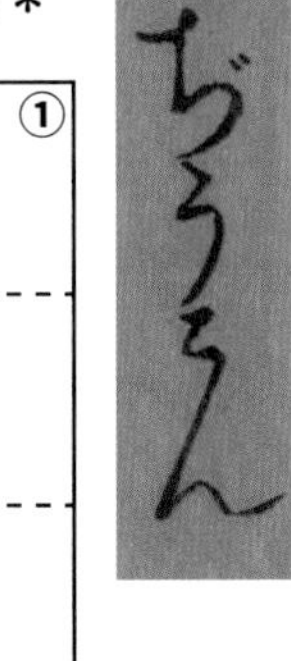

②

の*もやう*

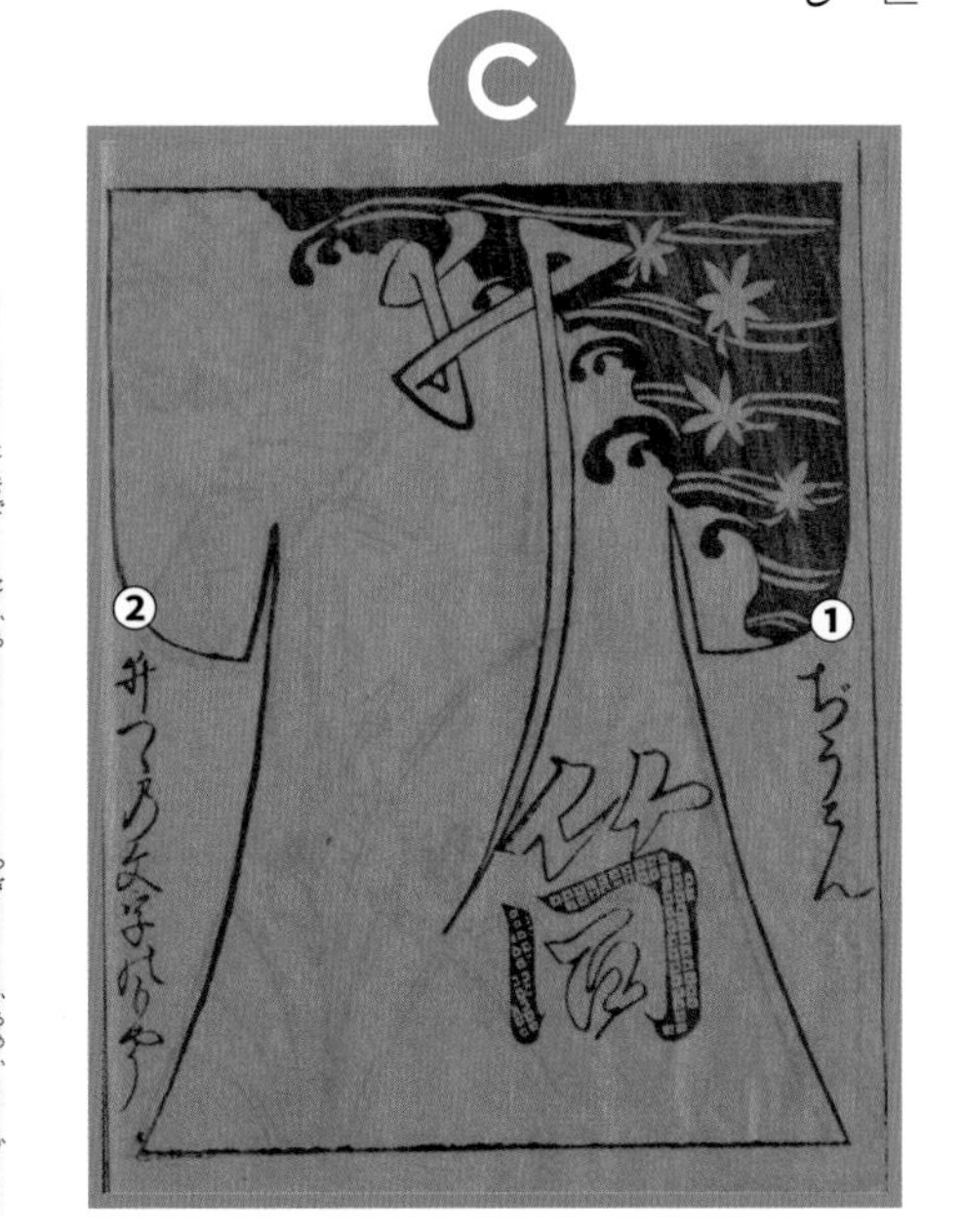

ヒント　②には漢字が三文字入っているよ！

*ぢ…小袖の地色。「ぢ」の次には色名が書かれ、この小袖の下地を何色に染めるのかを指示している。「地」と漢字で書かれることもある。
*の…もとの字は「能」。（現代の「の」は「乃」）。
*もやう…「模様」のこと。

点

問題4

Bの図を見て、空欄の字を埋めてみよう。

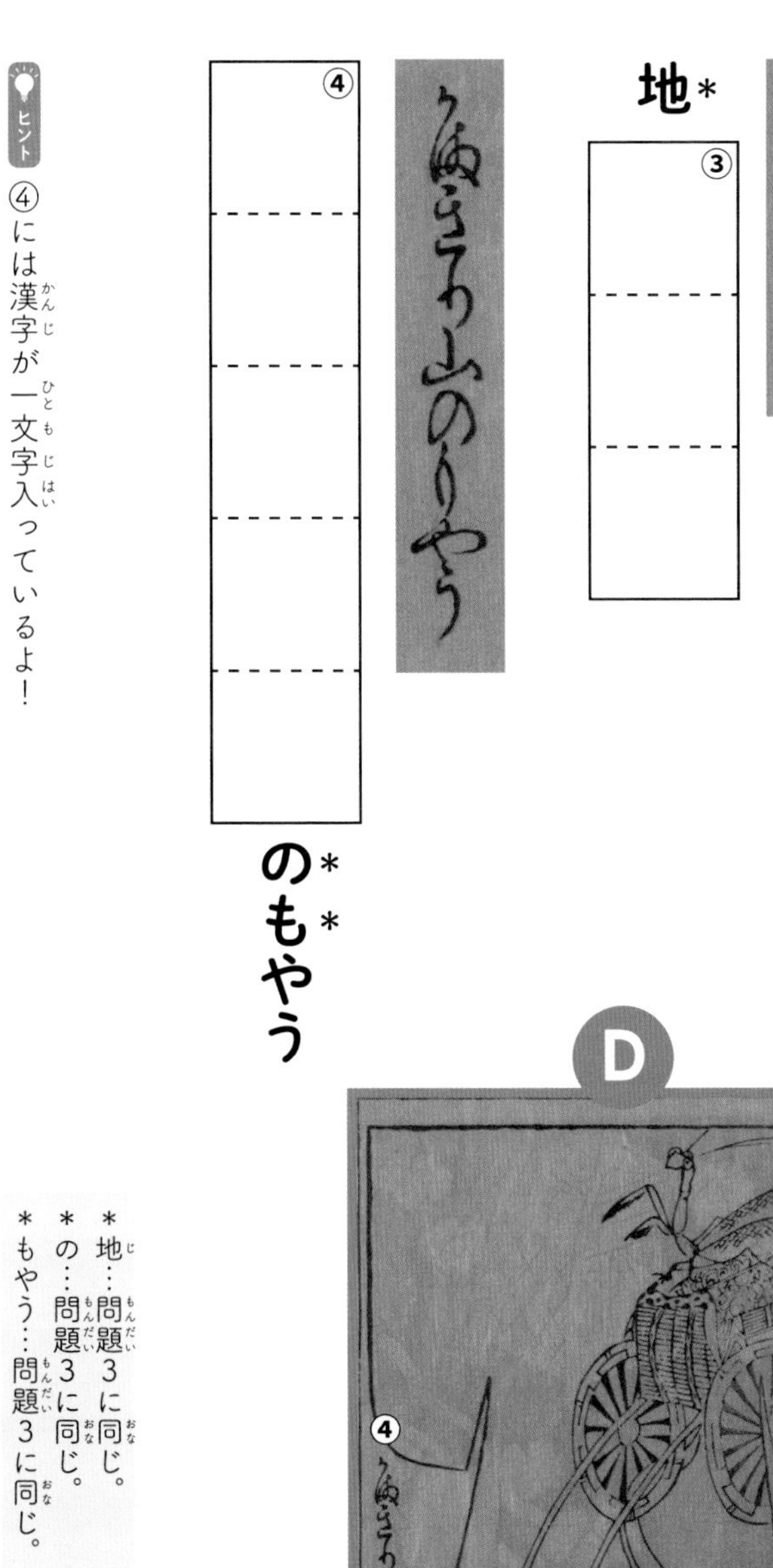

ヒント

④には漢字が一文字入っているよ！

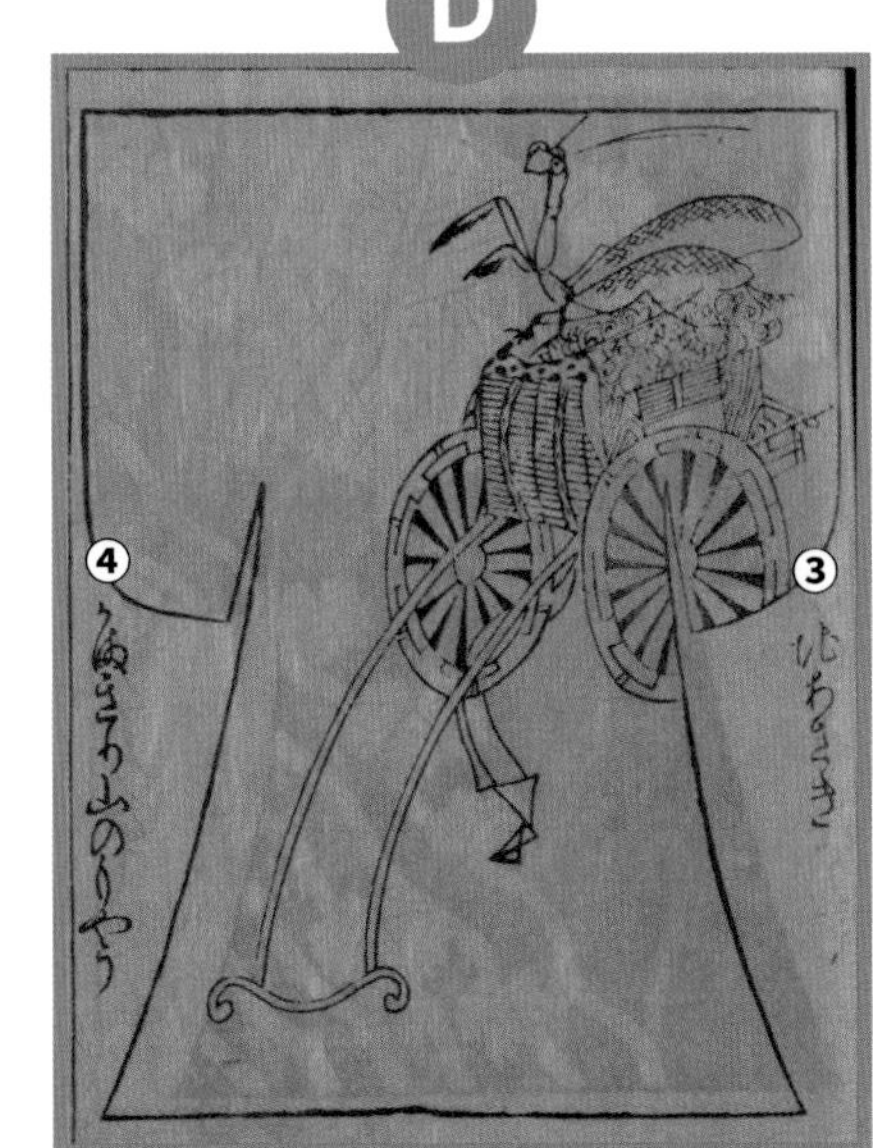

*地…問題3に同じ。
*の…問題3に同じ。
*もやう…問題3に同じ。

年　組　番
名前

解答

問題1：①「あさき（安左幾）」
②「なすのよ（奈寸能与）一」
問題2：①「みるちや（美留知也）」
②「たつた（堂川多）川」
問題3：①「うこん（宇己先）」
②「井つゝの（川ゝ乃）文字」
問題4：①「あさき（安左幾）」
②「かまきり（可満幾利）山」

教材について

ねらい：くずし字を学びながら、当時の庶民の衣服と、生活文化や古典との関係を知る。
時間配分：トータル25分、授業時間5分（くずし字の説明）、問題を解く時間20分（問題1・2）
対象教材：国語、書写・書道、社会、家庭（被服）

問題解説

今回扱った問題は、江戸時代の小袖雛形本（こそでひながたぼん）です。小袖とは、現代の「きもの」のもととなった衣服です。その小袖の図案集である小袖雛形本は、当時の人々が、現代人がファッション誌を眺めるように楽しんだり、小袖図案製作の参考資料として活用したりした「スタイルブック」のようなものでした。一七世紀半ばから一九世紀前半の約一五〇年間に、およそ一七〇〜一八〇種刊行されましたが、それぞれに意匠を凝らした小袖の雛形図が描かれており、空白欄には色や工法、また描かれた模様について書かれたものもあります。今回は、寛文（かんぶん）七年（一六六七）に刊行された『新撰御（しんせんお）ひいながた』から、小袖図右下に地色、左下に模様について書かれたものを問題として選びました。

発展学習

① 地色に指定されている色について調べる。
② 図案の題材について調べる。

問題1 「ぢ」とは地色を指し、この小袖は白と、①の正解**「あさき」**の二色が指定されています。くずし字では濁音が省略されることがありますが、「あさき」は「浅葱（あさぎ）」色のことです。浅葱とは、淡く緑みがかった青色で、新撰組の羽織の色として知られています。使用されている文字は、**「あ」**は**「安」**、**「さ」**は**「左」**、**「き」**

は**「幾」**と、現代のひらがなと同じ漢字をもとにしており、ほぼ今の形となっているので読みやすいと思います。

②は**「なすのよ一」**が正解です。**「す」**と**「よ」**は普段使用しているひらがなと同じ**「寸」**と**「与」**がもととなっています。**「な」**も現代と同じ**「奈」**をくずしていますが、一画目から最後までがつながっているため、少しわかりづらいかもしれません。**「の」**の字母は**「能」**です（現代の字は「乃」がもとです）。全体を続けて読むと、「地白浅葱」「那須与一の模様」となります。図案と照らし合わせると、無地の部分を白、波の部分を青色系の浅葱で染めることが指示されていると思われます。那須与一は『平家物語』にも登場する弓の名手です。この図案は、屋島の合戦で、平家側が竿の先に立てた扇を射落とすように挑発したのに対し、源氏側の那須与一がそれを見事に射落とした場面を描いています。矢が当たり、はらはらと波間に落ちる扇が大胆に描かれていますね。版本が普及し、この雛形本が刊行された十七世紀後半ごろには庶民の間でも『平家物語』が読まれ、この図からそれを類推することができるようになっていたこともわかります。

問題2 **問題1**同様、この小袖の地色は③の正解**「みるちや」**が指定されています。「みるちや」は「海松茶」色のことで、褐色がかった海藻の海松の様な色（茶色味を帯びた深緑）です。使用されている文字は、**「み」**は**「美」**、**「る」**は**「留」**、**「ち」**は**「知」**、**「や」**は**「也」**と、すべて現代のひらがなと同じ漢字をもとにしています。④は**「たつた川」**が正解です。「たつた」と二回「た」が出てきますが、それぞれ文字が違いますね。最初の**「た」**は**「堂」**、次は**「多」**をくずしたものです。現在の「た」は「太」をくずしたものですが、この「堂」「多」をくずした文字もよく使われます。**「つ」**は**「川」**をくずしたものですが、現在使用しているひらがなも、この「川」がさらに簡略化された文字となります。「たつた川」とは、紅葉の名所と知られる奈良県生駒山地を流れる竜田川のことで、歌枕として数々の和歌に詠まれています。流水に流される紅葉の図から、庶民でも竜田川を想起することができたのでしょう。

問題3 「ぢ」とは地色を指し、この小袖の「地色」は、①の正解**「うこん」**が指定されています。「うこん」色とは赤みのある鮮やかな黄色のことで、「鬱金」と書きます。鬱金はショウガ科の多年草で、現代でもターメリックという名でカレー粉などの色付けに使われています。使用されている文字は、**「う」**は**「宇」**、**「こ」**は**「己」**、**「ん」**は**「先」**と、現代のひらがなと同じ漢字をもとにしているます。②は**「井つゝの文字」**が正解です。**「つ」**は**「川」**で、普段使用しているひらがなと同じ漢字がもととなっています。次の**「ゝ」**は、その直前の文字を繰りかえす踊り字ですので、「つ」を重ねます。**「の」**も現代のひらがなと同じ**「乃」**をくずしています。全体を続けて読むと、「地うこん」「井つゝの文字のもやう」となります。図案と照らし合わせると、小袖の中心に大きく「井筒（いづつ）」の文字があり、説明通り「井筒の文字の模様」となっています。では、この井筒は何を示しているのでしょう。「井筒」の文字とともに、波と紅葉が描かれています。そのことから、この図案が『伊勢物語（いせものがたり）』二三段の「風吹けば沖つ白浪たつた山夜半にや君がひとりこゆらむ」が詠まれた場面を示唆していることがわかるのではないでしょうか。版本の普及により、庶民の間でも『伊勢物語』が読まれ、経済力を持った町人が、この様な「謎解き」を小袖に表して楽しんでいたことがわかります。

問題4　**問題3**同様、この小袖の地色は③の正解**「あさき」**です。「あさき」は「浅葱」色のことで、淡く緑みがかった青色です。使使用されている文字は、**「あ」**は**「安」**、**「さ」**は**「左」**、**「き」**は**「幾」**と、現代のひらがなと同じ漢字をもとにしているので、読みやすいですね。④は**「かまきり山」**が正解です。**「き」**は**「幾」**、**「り」**は**「利」**で現在のひらがなと同じ漢字がもとですが、**「か」**は**「可」**、**「ま」**は**「満」**と異なっています。（現在の「か」は「加」、「ま」は「末」をくずしています）。全体を続けて読むと「地あさき」「かまきり山のもやう」となります。

さて、「かまきり山」とは何でしょう。図を見ると、かまきりの乗った山車（だし）が描かれているので、昆虫のカマキリで間違いないようです。山車との関係は、「蟷螂山（とうろうやま）」で調べると、それが京都の祇園祭（ぎおんまつり）の山車の一つであることがわかります。この様に、地方の祭りの光景なども模様として取り入れられていたことに、この時代の小袖の模様の面白さを感じてもらえるのではないでしょうか。

教材解説

教材は、『新撰御ひいながた』の寛文七年（一六六七）版を使用しました。（国立国会図書館蔵／DOI：10.11501/2541138／https://dl.ndl.go.jp/info:ndljp/pid/2541138）この雛形本は、版行された小袖雛形本の中で最も古いとされる寛文六年（一六六六）刊の『新撰御ひいながた』の改訂版です。寛文六年版と七年版は、一五図の相違が見られますが、いずれの版も極めて大柄な図案が二〇〇図収められています。その題材は単に物だけでなく、歌枕、謡曲、古事伝承、風習なども多く含まれており、当時の庶民生活に浸透していた文化をうかがい知ることができます。

今回問題で取り上げた小袖図の他にも、『伊勢物語』九段「東下り」の場面を表す図（参考図1）や、漢字を使って網にかかった鳥を表した図（参考図2）など面白いものが多数あります。小袖雛形本が古典の教科書に取り上げられることはあまりないと思いますが、ファッションという身近な題材から古典への興味喚起につながる資料ではないでしょうか。

（担当：髙須奈都子）

参考図１『伊勢物語』東下り

参考図２　鳥網

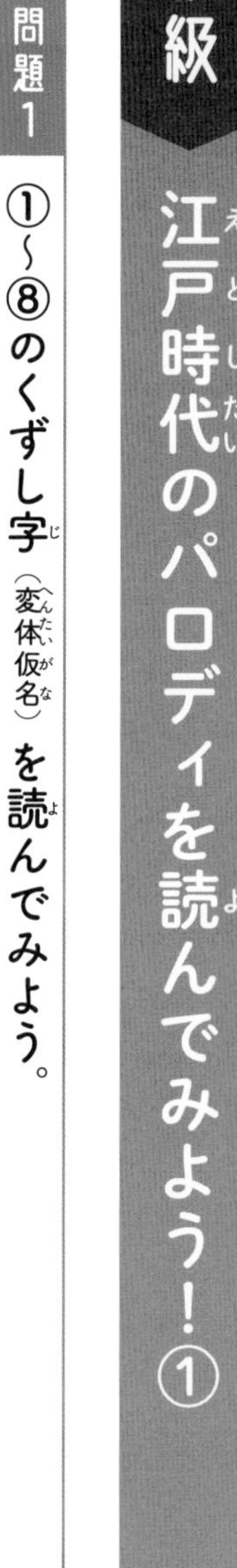

問題1　①〜⑧のくずし字（変体仮名）を読んでみよう。

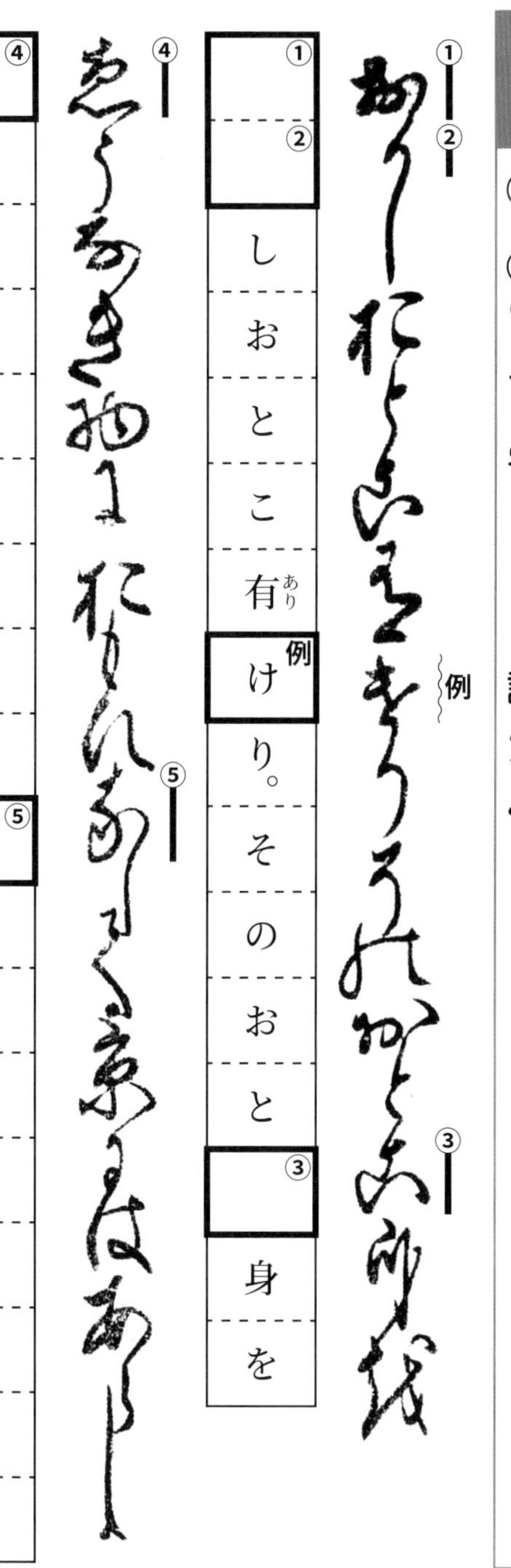

［①］［②］しおとこ有（あり）け（例）り。そのおと［③］身を

［④］うなき物におもひ［⑤］して、京にはあらじ、

東［⑥］かたに［⑦］むべき、とて［⑧］きけり。

➡この作品は『　　　　』のパロディ『仁勢物語（にせものがたり）』

問題2　⑨〜⑫のくずし字ともとの漢字（字母（じぼ））を埋めてみよう。

★（続（つづ）き）つれとする人。ひとりふたり行けり。みちしれる人もなくて。

字母	止	不	天	由	幾		利				遠	可	左	
	と	ふ	て	ゆ	き	⑨	り	三	河	国	を	か	さ	⑩

字母	止	以	不	止	己	呂		以	多		奴
	と	い	ふ	と	こ	ろ	⑪	い	た	⑫	ぬ

年　組　番
名前

点

問題3　⑬〜⑳のくずし字（変体仮名）を読み、空欄Aを埋めてみよう。

★（続き）そこをおかさき（岡崎）とは、ちやうり（茶売）あるによりてなむ。おかさき（岡崎）とおもひける、そのやと（宿）の家にたちよりて、はたごめし（旅籠飯）くひけり。そのたな（棚）に［A］いとおほく（多）ありけり。それをみて、つれ人、
「［A］、といふ五もじ（文字）を、く（句）のかみ（上）にすへて、たび（旅）のこゝろをよめ。」

と、いひければよめる。

1	2	3
か		
ち	き	
み	の	⑮
ち	ふ	⑯
⑬	も	だ
	⑭	ち
	ふ	て
	も	

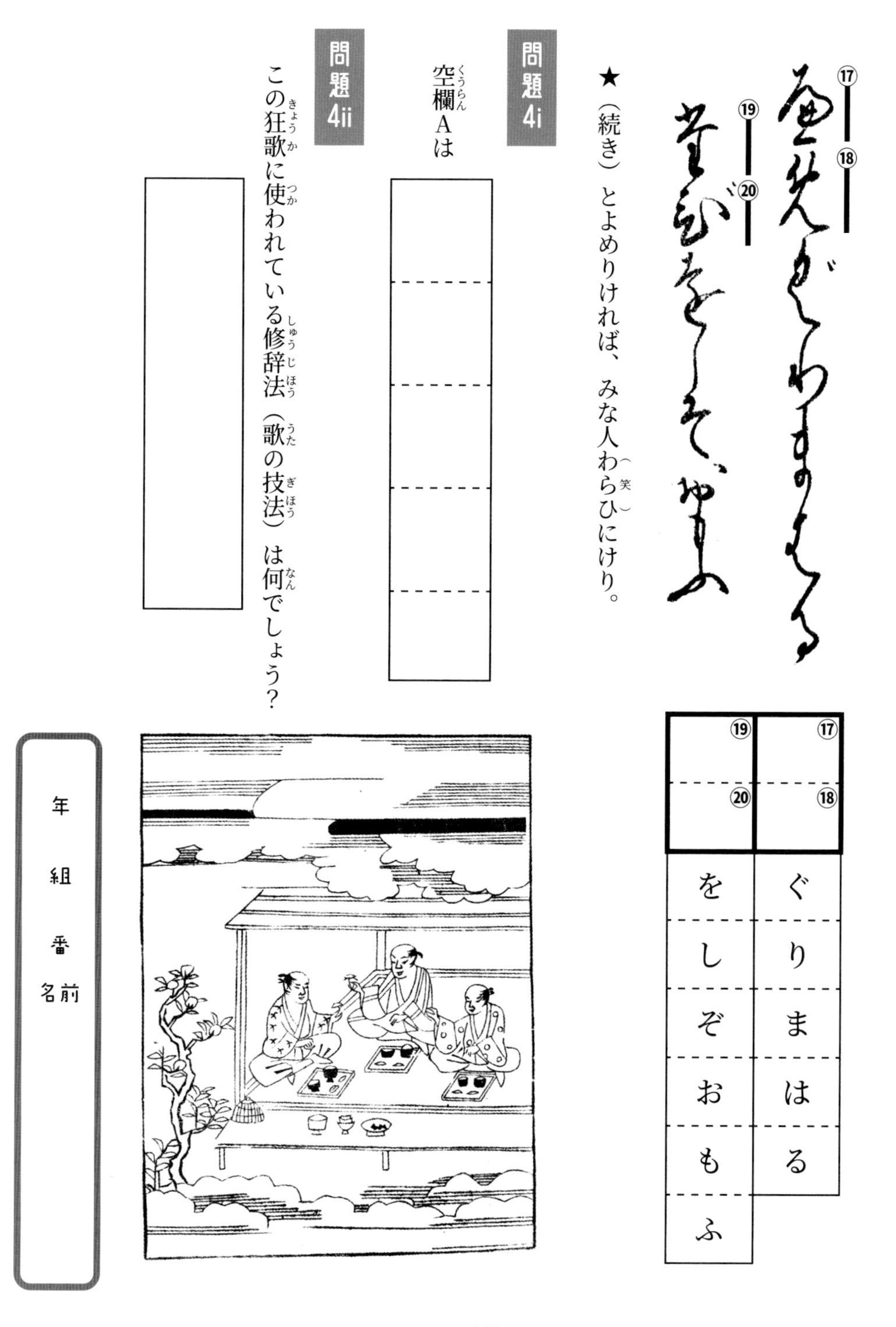

（⑰―⑱、⑲―⑳：くずし字の歌）

★（続き）とよめりければ、みな人わらひ（笑）にけり。

問題4i

空欄Aは

問題4ii

この狂歌に使われている修辞法（歌の技法）は何でしょう？

⑰⑱	⑲⑳
⑰　⑱	⑲　⑳
ぐりまはる	をしぞおもふ

年　組　番
名前

解答

問題1：①お（於）②か（可）、③こ（古）、④ゑ（恵）、⑤な（奈）、⑥の（乃）、⑦す（春）、⑧ゆ（遊）。
「おかし、男有りけり。その男、身をゑうなき物に思ひなして、京にはあらじ、東のかたにすむべき、とて、ゆきけり」。
→この作品は『**伊勢物語**』のパロディ『仁勢物語』

問題2：⑨け・介（个）、⑩き・起、⑪に・丹、⑫り・里。

問題3：⑬を（越）、⑭け（希）、⑮つ（徒）、⑯れ（連）、⑰へ（遍）、⑱め（免）、⑲た（堂）、⑳び（飛）。
「かちみちを／きのふもけふも／つれだちて／へめぐりまはる／たびをしぞおもふ」

問題4ⅰ：かきつへた（柿つ蔕）。

問題4ⅱ：折句（おりく）。

教材について

ねらい：くずし字を学びながら、古典の知識を踏まえた文学を、娯楽として楽しむという江戸時代の様子を知る。

時間配分：トータル45分。授業時間：5分（くずし字の説明）＋20分（問題1・2）＋20分（問題3・4）。

対象教科：国語、書写・書道

問題解説

今回扱うのは『伊勢物語』を逐語的にもじった江戸時代のパロディ文学『仁勢物語』です。「もじり」とは「文芸上では、同音または音の近い他の語意のことばに言い換えること、日本語に多い同音異義語を使う言語遊戯の一種の地口、語呂などを言い、有名な詩文や歌謡などの文言や調子を真似て笑わせる」（武藤禎夫『もじり百人一首を読む』東京堂出版、一九九八年参照）というもので（地口はしゃれとほぼ同意）、『伊勢物語』原文の音を残しつつ、平安時代の「雅」を江戸時代の「俗」に当世化したのが本作品です。

問題1　例として示した「け（遣）」のように、①は**於**をくずした「**お**」で、これは現代のかなと同じ字母です。②は**可**をくずした「**か**」を一覧表から探せましたか。勘のよい回答者は、ピンとくるかもしれませんね。③は「**こ（古）**」で、漢字の形が少し残った字体です。④は現代でも使用される**「ゑ（恵）」**、「ゑうなし」は「役に立たない、必要でない」などの意です。⑤の**「な（奈）」**は現代の文字と字母は同じです。これも漢字の名残が強い字体ですね。⑥**「の（乃）」**も同様、現代と同じ字母ですが、ほぼもとの漢字の形を残しています。⑦**「す（春）」**は頻出の変体仮名です。「は（者）」と間違えやすいので注意が必要です。⑧**「ゆ（遊）」**は頻出とは言えませんが、昔の本ではたまに見かける字体です。通して読むと、「おかし、男有りけり。その男、身をゑうなき物に思ひなして、京にはあらじ、東のかたにすむべき、とて、ゆきけり」となります。もしかすると、「読んだことある！」と思って、『伊勢物語』と勘違いした人もいたかもしれませんが、実は違います。本作は『仁勢物語』という江戸時代に出版された『伊勢物語』のパロディです。『伊勢物語』の冒頭文で有名な「昔、男ありけり」をもじった「おかし、男有りけり」ともじっているのです。

では原作の『伊勢物語』と比較してみましょう。原作には「昔、男ありけり。その男、身を要なきものに思ひなして、京にはあらじ、東の方に住むべき国求めに。とて行きけり。」とあります。「むかし」を「おかし」とするほか、「国求めに」の箇所が省かれていますが、原作をほぼなぞっていることがわかります。

問題2 ⑨〜⑫の⑨は**「け・介（个）」**、通して読むと「とふてゆきけり」です。この箇所は問題1の続きで、連れを一人二人伴って東下りをしているところです。道を知る人がないので、尋ねながら進むわけです。⑩は**「き・起」**、⑪は**「に・丹」**、⑫は**「り・里」**で、通して読むと「三河国をかざきといふところにいたりぬ」となります。つまり今の愛知県岡崎市ですね。現代では「お」と「を」は分けて使われますが、江戸時代では音が合っていればよかったのか、「をかざき」のような書き方は珍しくありません。

原作『伊勢物語』はどうでしょうか。「もとより友とする人、一人二人して行きけり。道知れる人もなくて、惑ひ行きけり。三河の国、八橋といふ所にいたりぬ。」となっています。原作では名所の八橋（知立市）に到るところを、『仁勢物語』では岡崎へと変更しているわけですね。

問題3 そして岡崎に到った一行は宿で旅籠飯（はたごめし）を食べます。するとそこの棚にたくさんの「柿つ蔕（かきつへた）」がありました。本文に「茶売り」とあるので、柿の葉のお茶を作っていたのでしょうか。そこで一行は「かきつへた」の五文字を句の頭にして旅の心を詠むことを提案します。その歌が**問題3**となります。⑬は**越**が字母の**「を」**です。名字に越智さんとかいますね。その越が「を」になります。⑭は**「け（希）」**です。希は現代でも「希有（けう）」と読んだりしますね。⑮と⑯は江戸時代の書物によく出てくる文字です。⑮は**「つ（徒）」**、⑯は**「れ（連）」**です。⑰は**「へ（遍）」**、⑱は**「め（免）」**となります。⑲は**「た（堂）」**です。現代では「どう」と読むため、覚えにくい変体仮名の一つです。⑳は**「び（飛）」**です。歌全体を通して読むと、「かちみちを／きのふもけふも／つれだちて／へめぐりまはる／たびをしぞおもふ」となります。「かちみち（徒道）」は徒歩で旅すること、「へめぐる（経巡る）」も方々を旅することです。徒歩で昨日も今日も連れだって旅をし、いろいろな場所を回るこの旅を思う、というような意味ですね（意味があるようなないような…）。

問題4 この句の面白いところは、「かきつへた」の五文字が句の頭に詠み込まれている点です（「（か）ちみちを（き）のふもけふも（つ）れだちて（へ）めぐりまはる（た）びをしぞおもふ」）。したがって、①の空欄Aに入る文字は**「かきつへた」**。これは柿のヘタの意味の「柿つ蔕（かきつへた）」で、「つ」は格助詞で現代の「の」と同じ働きをします。「まつ毛」は目（ま）の毛と考えるとわかりやすいかもしれません（目は目（ま）の当たりと言ったりしますね）。

これももちろん、『伊勢物語』「東下り」のパロディです。「東下り」では八橋に通りかかり、愛知県の県の花でもある杜若（かきつばた）が趣深く咲いていたので、「（か）らころも（き）つつなれにし（つ）ましあれば（は）るばるきぬる（た）びをしぞおもふ」と「かきつばた」の五文字を句の頭にすえて和歌が詠まれました。大変風流な和歌ですが、『仁勢物語』ではその「かきつばた」を、たまたま棚にあり、音が似ている「かきつへた」へと変えて狂歌を詠み、皆で大笑いしたという展開になっています。ちなみに、161頁の挿絵では中央の人物が柿のヘタを持って笑う様子が描かれています。

このように、『仁勢物語』は『伊勢物語』の原文をもじりながら、風流な表現を俗に改めているわけです。『伊勢物語』を読んだことがある人々からすれば、原作の雅な文章が絶妙に俗な表現へと変えられ、ばかばかしい笑いが起こるわけです。しかし、原作の体裁は徹底的に真似されています。「かきつへた」の狂歌も原作「かきつばた」のように句の頭に五字を置く手法は踏襲されています。この和歌の技法を「折句」と言います。『伊勢物語』を扱った時にも学習したと思いますので覚えておきましょう。

教材解説

『仁勢物語』の「仁勢」は、「『伊勢物語』にそっくりという意味の「似せ」と、ペテンとしての「偽」の両義が込められていよう」（藤原英城「『伊勢物語』から『料理物語』『仁勢物語』へ」、母利司朗編『和食文芸入門』臨川書店、二〇二〇年）とも評されます。『仁勢物語』の版本研究（渡辺守邦『近世文学資料類従　仮名草子編』第二六巻、一九七七年）によりますと、『仁勢物語』は第一次整版本から第三次整版本の諸本があり、例えば第一次版は寛永六年（一六二九）刊の版本『伊勢物語』と、冊数、丁数、行数、字配り、挿絵の位置、など、その形態がほぼ一致しており、挿絵を含めた本全体が『伊勢物語』のパロディとなっています。このことは、『仁勢物語』におけるパロディの徹底ぶりがうかがえると同時に、いかに『伊勢物語』が江戸時代のベストセラーであり、当時の読者にとって身近であったのかがわかります。言い換えれば、『伊勢物語』の知識を前提としなければ、読者は『仁勢物語』を楽しめないということです。そのことを本課題や『伊勢物語』との比較を通して味わってほしいと思います。

詳細は「くずし字による古典教育の試み（6）―オンライン授業で学ぶ『伊勢物語』から『仁勢物語』へ―」（203頁に書誌を記載）をご参照ください。

底本は国文学研究資料館鉄心斎文庫所蔵本（DOI：10.20730/200025190／https://kotenseki.nijl.ac.jp/biblio/200025191/）。

（担当：加藤直志・加藤弓枝・三宅宏幸）

初級 『竹取物語』をくずし字で読んでみよう！①

問題1 空欄の字を埋めて、物語をくずし字で読んでみよう。

今では、もう昔のことですが、竹取の翁というものがいました。その翁は山や野原に分け入って、いつも竹を取り、その竹をさまざまな物を作るのに使っていました。翁は……、

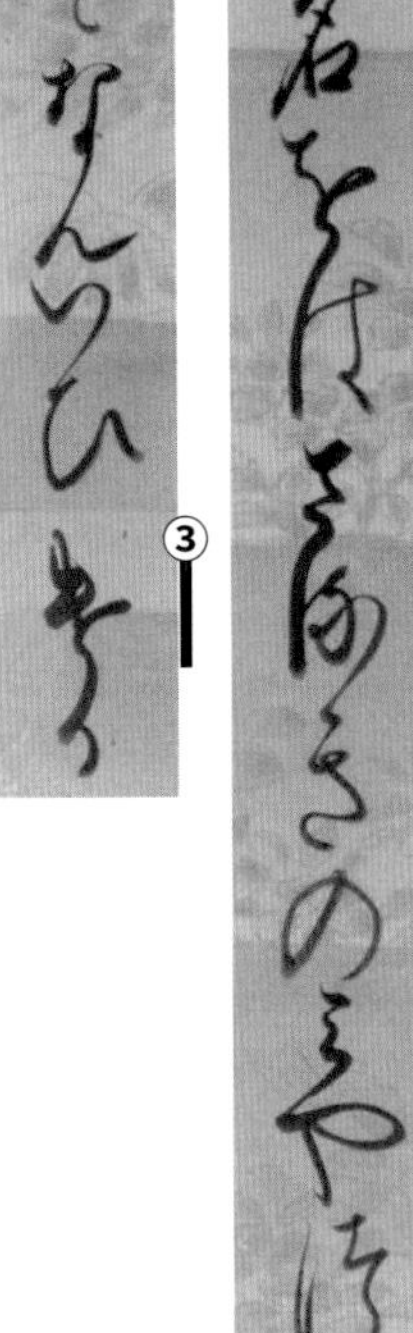

名をばさ［①］きのみや［②］こ

となん（む）いひ［③］る。

ヒント 空欄のなかには、教科書とは違う文字が入るところがあるよ！

A

点

問題2 空欄の字を埋めて、物語のつづきをくずし字で読んでみよう。

ある日のことでした。翁がいつも取っている竹の中に、なんと根元が光る竹が一本あったのです。不思議に思って、そばに寄って見ると、竹筒の中が光っています。その筒の中を見ると……、

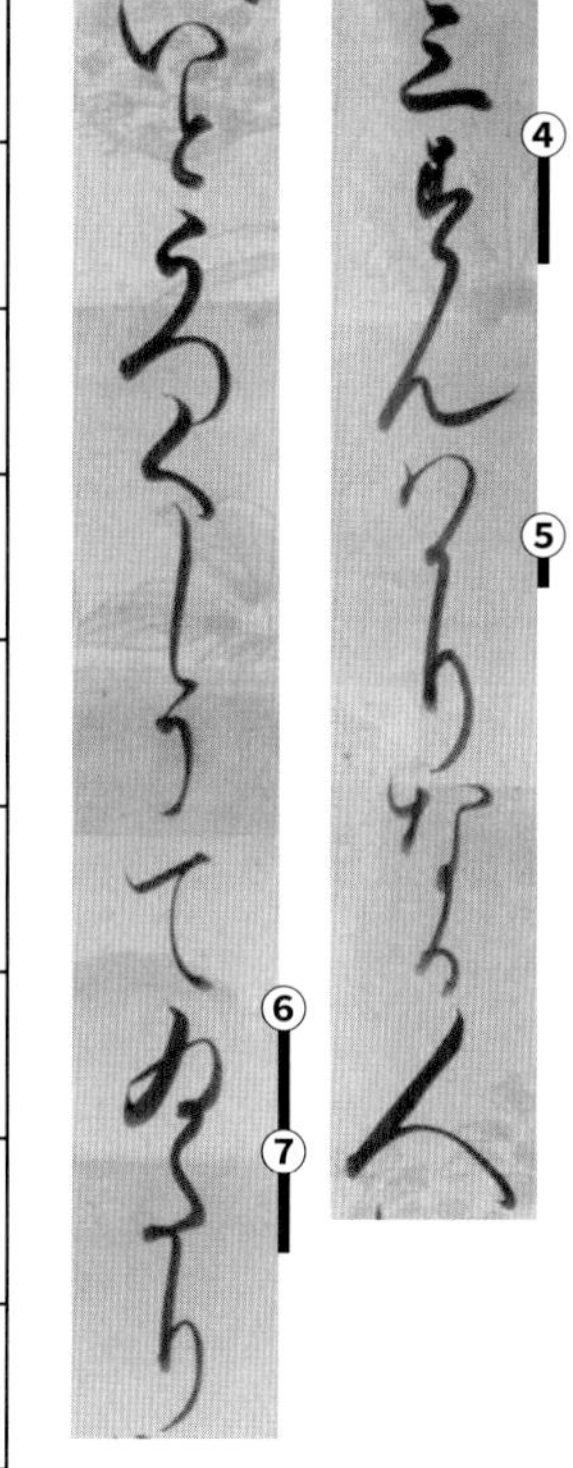

三④ んばり⑤なる人
いとうつくしうて⑥⑦り。

その後、かぐや姫はわずか三カ月で、一人前の大きさの人に成長しました。

B

★子どもは、御室戸斎部の秋田によって、「なよたけのかぐや姫」と命名されます。

年 組 番 名前

問題3 空欄の字を埋めて、物語をくずし字で読んでみよう。

美しいかぐや姫に、五人の貴族が熱心に求婚しました。しかし、結婚の条件とされた課題を誰も果たせません。帝からの求婚にも、かぐや姫は応じませんでした。そして、三年ほどたったころ、かぐや姫は月を見て泣くことが多くなりました。翁がその理由を尋ねると、かぐや姫は「私は……、

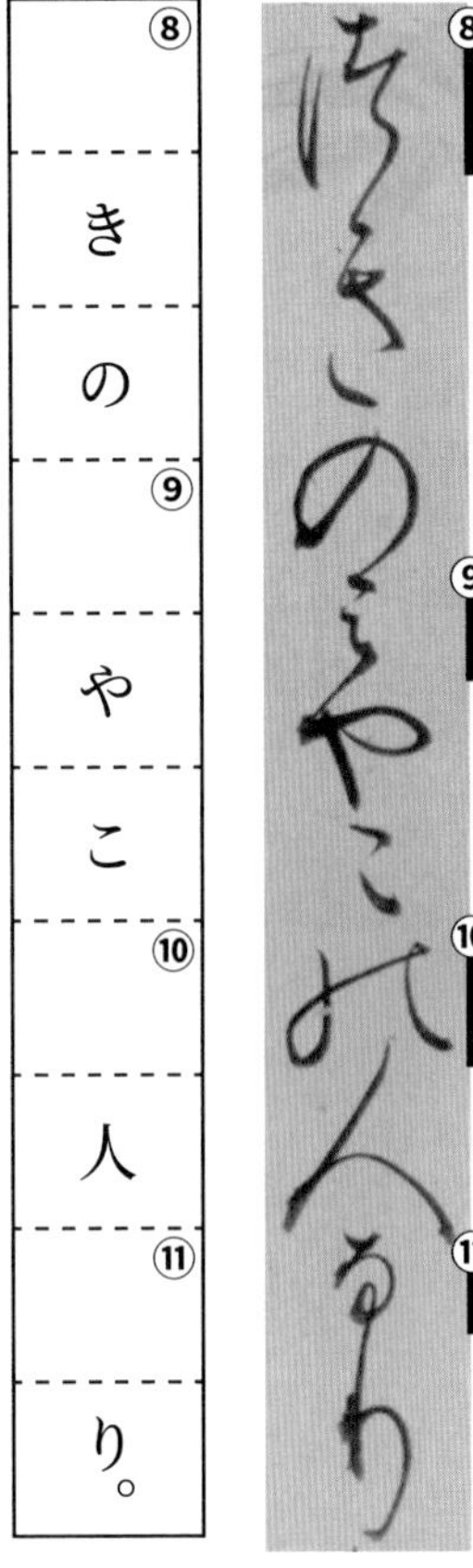

⑧□きの⑨□やこ⑩□人⑪□り。

八月十五日には迎えが来て、帰らなければなりません。」と答えました。

C

★求婚者に難題を課すかぐや姫。

点

問題4　空欄の字を埋めて、物語のつづきをくずし字で読んでみよう。

翁からそのことを聞いた帝は、多くの兵で守らせました。
しかし、天人たちが降りてくると、
人々には戦う気持ちはなくなっていました。
かぐや姫は泣き悲しむ翁たちに別れを告げます。
天人がかぐや姫に天の羽衣を着せると、かぐや姫は……、

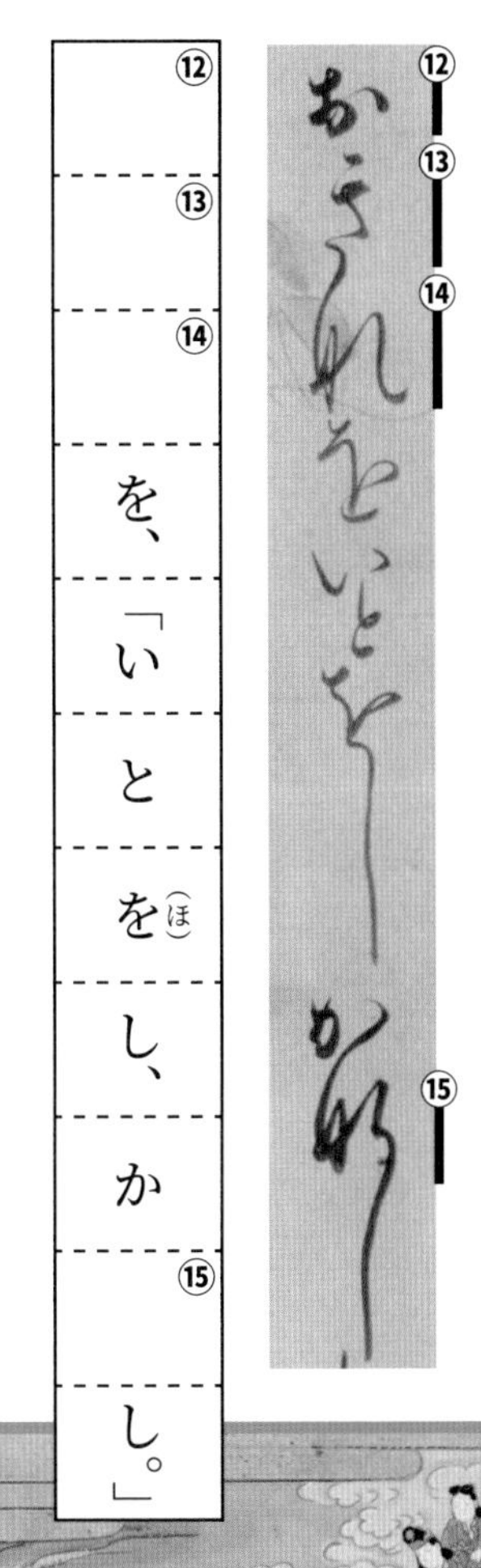

⑫　⑬　⑭　を、「いとを(ほ)し、か⑮し。」

と思うこともなくなり、そのまま天に昇っていきました。
落胆した帝は、かぐや姫から渡された不死の薬と手紙を、
天に近い山で焼かせました。

D

解答

問題1：①る（流）、②つ（徒）、③け（遣）。「名をば、さるきのみやつ（造）ことなんいひける」。＊「む」は、「ん」とも表記されます（解説参照）。

問題2：④す（春）、⑤か（可）、⑥ゐ（為）、⑦た（多）。「三寸ばかりなる人、いと美しうてゐたり」。

問題3：⑧つ（徒）、⑨み（三）、⑩の（能）、⑪な（奈）。「月の都の人なり」。

問題4：⑫お（於）、⑬き（幾）、⑭な（那）、⑮な（那）。「翁を、『いとをし、かなし』」。＊「いとをし」の歴史的仮名遣いは「いとほし」（解説参照）。

教材について

ねらい：くずし字で『竹取物語』の絵巻を読むことで、日本の文字表記や仮名遣いの歴史にふれる。

時間配分：35分。授業時間：5分（くずし字の説明）、15分（問題1・2）、15分（問題3・4）。

対象教科：国語、書写・書道、美術

問題解説

平安時代初期に成立したとされる『竹取物語』は、「物語の出で来はじめの祖」（『源氏物語』）と位置づけられ、授業で誰もが一度は習う作品です。そのため、くずし字入門教材としてもぴったりです。くずし字になじみのない人でも、知っているあらすじから、答えを考えることができるためです。また、問題を解いてみると、教科書と違っているところに気づく人もいるでしょう。なぜ違っているのかという疑問から、本文校訂の過程や、日本の文字表記や仮名遣いの歴史にも、浅くも深くもふれることが可能です。

問題1 竹取の翁の名前を紹介する有名な冒頭文です。答えは**「名をば、さるきのみやつことなんいひける」**（翁の名は、讃岐の造といったのである）ですが、傍線箇所が、教科書と違っています。「さるき」は教科書では「さぬき」とありますが、昔の『竹取物語』には、しばしば「さるき」と記されています。これは「さぬき」という音が訛ったものと言われています。竹取物語は奈良時代以前の飛鳥・藤原京の時代を舞台にしているため、地名も大和が中心となっています。そのため、現代の注釈書のなかには、「さぬき」は大和国広瀬郡散吉郷（現在の奈良県北葛

城郡河合町）か、とし、「散吉」と記すものもありますが（『新編日本古典文学全集』）、現代の教科書の多くは、「さぬき」あるいは「讃岐」としています。

このように、有名な古典作品の冒頭文でさえ、昔の人が読んでいたものと、現代の私たちが目にするものとでは異なることが多いのです。教科書に載っている古典作品の本文は、多くの学者たちによって校訂（異本と照合したり語学的に検討したりして、よりよい形に訂正すること）されたものなのです。小中学生では難しいかもしれませんが、高校生以上には、このような本文の校訂についても、説明を添えても良いかもしれません。

また、解答箇所ではありませんが、問題文の「なん」は、古典文法を習った高校生以上になると、気になる人もいるかもしれません。教科書では「なむ」と記されていますが、「なむ」は鎌倉時代以降に「なん」と表記されました。文法書には助動詞「む・むず・けむ・らむ」や、助詞「なむ」などの欄には、括弧付で「（なん）」のように、「ん」が記されていますが、それは後世の表記を示しています。教科書では作品の成立時期の文法に統一しているため、教科書の『竹取物語』では、「ん」の表記を見かけることはありません。しかし、このくずし字教材は、江戸時代に作られた絵巻から作成しているため、後世の表記が見られるのです。このように、くずし字教材で古典作品を読むことで、日本語の表記の変化についても実例を示しつつ説明することが可能です。

文字の解説ですが、①は**「る（流）」**です。②は**「つ（徒）」**で少し難しいのですが、徒然草の「つ」と覚えると良いでしょう。③は**「け（遣）」**ですが、「き（幾）」とよく似ているので注意が必要です。

問題2 『竹取物語』で印象的な場面の一つ、翁が竹のなかにかぐや姫を見つけるところです。現代では、竹のなかでかぐや姫が座っている様子が描かれるのが一般的ですが、そのような挿絵は少なくとも江戸時代前期まではほぼありません（例外として、アイルランドのチェスター・ビーティ図書館所蔵の絵巻には、竹に入ったかぐや姫を翁が自宅へ持ち帰る様子が描かれています）。ほとんどの場合、挿絵の第一場面は、図Aのような、家に連れ帰ったかぐや姫を籠（あるいは箱）に入れて、お爺さんとお婆さんが見守っている様子が描かれています。このように、挿絵の描かれ方が現代と違うことも、和本を用いることで説明することができます。ここで、「竹筒のなかにいるかぐや姫の絵は、なぜ描かれなかったのか」という、発展的な問いを示すのもよいかもしれません。

さて、くずし字問題の答えは、**「三ずんばかりなる人、いとうつくしうてゐたり」**（三寸ばかりの人が、たいそうかわいらしい姿でそこに座っている）です。「三寸」は約九センチですが、『竹取物語』のなかで、「三」は特別な意味を持つ数字として使用されていると言われます。発見時のかぐや姫の大きさは「三寸」、そのかぐや姫は「三月」で一人前に成長し、帝からの求婚を断って「三年」後に月へ帰って行くのです。

④は**「す（春）」**、⑤は**「か（可）」**です。⑤の直前の「は」は漢数字の「八」が字母（じぼ）（それぞれの仮名の元となった漢字）です。⑥は**「ゐ（為）」**、⑦は**「た（多）」**で、いずれも頻出の変体仮名です。

暗唱している人も多い場面ですので、くずし字を見なくても答えられるかもしれません。問題を解く様子を見て、場合によっては、字母（じぼ）も一緒に答える問題に変えるなど、難易度を調整することもできます。

問題3 五人の貴族がかぐや姫へ求婚しますが、結婚の条件として課された難題を誰も果たせません。帝からの求婚にも、かぐや姫は応じませんでした。それから三年ほどたったころ、かぐや姫が月を見て泣くことが多くなります。問題は、翁がその理由を尋ねたところ、かぐや姫が正体を明かす場面です。

答えは、**「つきのみやこの人なり」**（月の都の人なのです）です。かぐや姫が泣いていたのは、八月十五夜に迎えが来て、月へ帰らなければならないためでした。⑧は**「つ（徒）」**で②の復習問題です。⑨は**「み（三）」**ですが、「え（衣）」にも似ていますね。⑩は**「の（能）」**で頻出の変体仮名です。⑪は**「な（奈）」**ですが、**「る（留）」**と間違えやすいです。似ている文字がある場合は、文脈で判断することも大切です。

問題4 月の迎えが来ることを聞いた帝は、兵で屋敷を囲んで守らせますが、防ぐことはできませんでした。この問題は、翁とかぐや姫の別れの場面からの出題です。

月から迎えに来た天人がかぐや姫に天の羽衣を着せると、かぐや姫にある心の変化が起きます。

答えは、**「おきなを『いとをし、かなし』」**（翁を「気の毒だ、不憫だ」）です。天の羽衣を着たことで人の心を失ったかぐや姫は、翁を気の毒に思う気持ちもなくなり、天へ帰って行きます。⑫は**「お（於）」**、⑬は**「き（幾）」**、⑭⑮はどちらも**「な（那）」**です。「那」は「礼」のなどとも似ているので注意が必要です。

解答箇所ではありませんが、問題文に「いとをし」とあります。ここは、「いとほし」が歴史的仮名遣い（平安時代中期、仮名が成立した頃に用いられた古文を基準にした仮名遣い）としては正しいとされます。ただし、このように書物によって仮名遣いが異なることは和本の世界ではよくあることです。教科書では歴史的仮名遣いに統一されていますが、例えば、契沖仮名遣い（過去の文献によりどころを求める仮名遣い。契沖の『和字正濫鈔』の方式によるもの）が浸透したのちも、多くの公家たちは定家仮名遣い（鎌倉時代、藤原定家が定めたといわれる）を使い続けました。このように、その立場によって仮名遣いを使い分ける時代があったのです。「いとおし」（定家仮名遣い）、「いとをし」（契沖仮名遣い）、「いとほし」（歴史的仮名遣い）のように、契沖仮名遣いと歴史的仮名遣いが一致しないこともあります。くずし字教材によって、こういった仮名遣いの歴史にもふれることができます。

また、離別の場面は、月の使者が館に来る「到来図」と、図Dのように、月の使者とともにかぐや姫が天へ帰る「昇天図」のいずれかで描かれます。『竹取物語』の複数の挿絵を比較して、その違いを考察する発展的な問いを示すこともできるでしょう。

教材解説

底本は国立国会図書館所蔵本で、江戸時代に作成された三巻三軸の豪華な巻子装の絵巻。『竹取物語』には古写本が少なく、底本の詞書も正保三年（一六四六）刊の整版に近いとされます（同館解題）。教材作成には、国立国会図書館デジタルコレクションで公開されている上巻と下巻の画像を使用しました（https://dl.ndl.go.jp/pid/1288448、DOI：10.11501/1287221、10.11501/1287166）。

（担当：加藤弓枝）

初級

看板から文字文化を学ぼう！①

問題1

【町で見る看板】読めるかな？

①

②

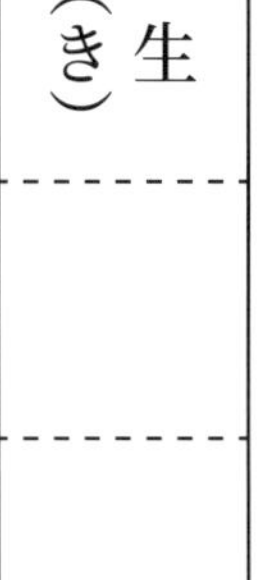

問題2

【歴史資料に描かれた看板】次のページの資料の「昔の看板」を、ヒントを参考にしながらグループで読んでみよう。

点

問題3

現代の看板が「くずし字」で書かれていたら、どのようなイメージ、効果があるだろうか。

問題4

店舗看板を考えよう。

○商品名、アピールしたいイメージや効果

○看板に書きたい文字

年　組　番

名前

初級 看板から文字文化を学ぼう！②

1 戸塚

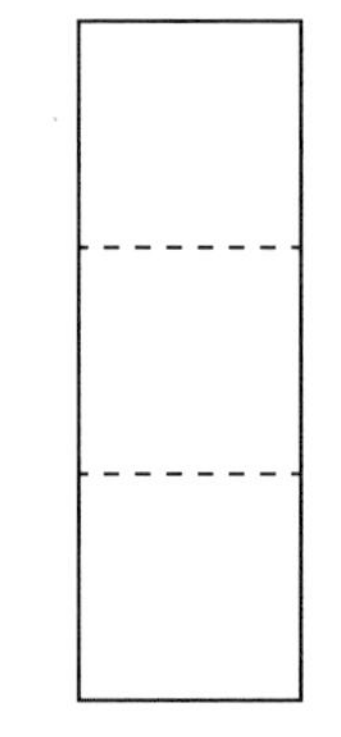

ヒント ある商品を専門に売る店です。一文字目だけ、先ほどの看板読み活動を振り返ってみよう。

2 草津

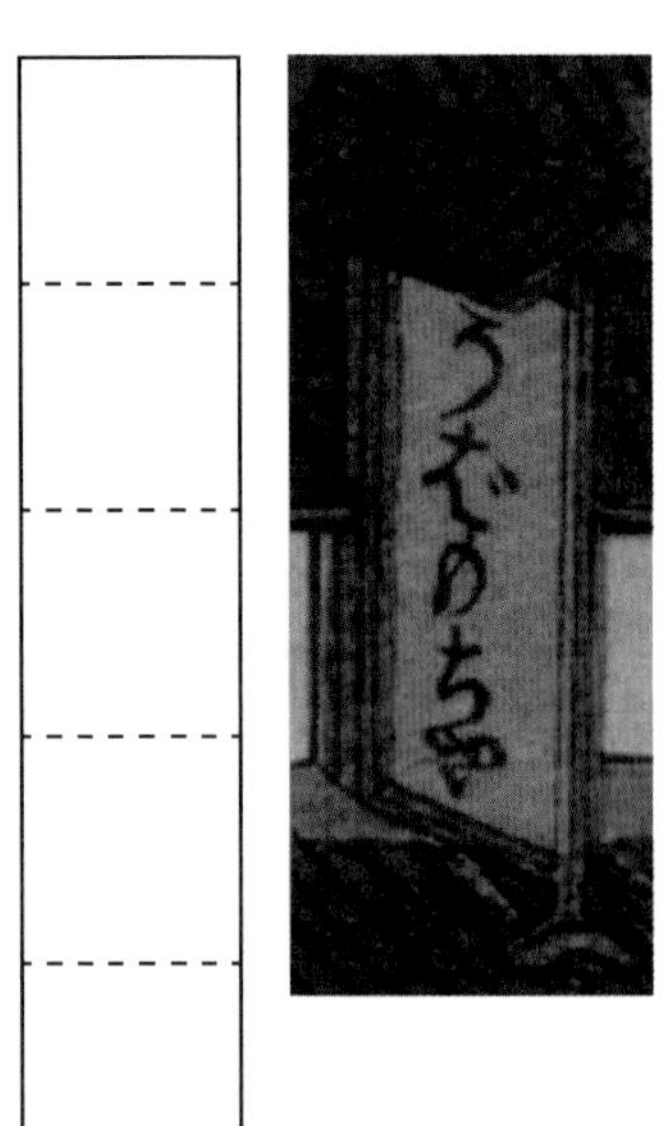

『東海道五十三次』戸塚（左上に看板があります）

『東海道五十三次』草津
（中央上部に看板があります）

点

ヒント
①全部で五文字です。②商品名が入っています。③二字目には濁点がついています。④三・四字目が商品名です。絵をよく見てみましょう。

3 鞠子（まりこ）

ヒント
①全部で七字書いてあります。②一字目は漢字の「名」です。③二字目は濁点がついています。④六字目は「繰り返し」を表す記号「ゝ」です。⑤七字目は漢字です。

年　組　番
名前

『東海道五十三次』鞠子（中央下部に看板があります）

解答

問題1　①生そば　②こんぶ

問題2　1 戸塚…こめや　2 草津…うばもちや

3 鞠子…名物とろゝ汁

問題3・4　解答例：歴史がある、和風、老舗、高級、信頼感、奇抜など。

教材について

ねらい：歴史資料にあるくずし字による看板文字を解読し、看板の持つ意味を考えて効果的に文字を書く。

時間配分：くずし字解読50分、看板効果を考え、看板文字の創作原稿作成50分、看板文字制作50分

対象教科・学年：国語（書写）・中学校3年

解説

江戸期浮世絵作品の中で著名と言われる、歌川広重（うたがわひろしげ）『東海道五十三次（とうかいどうごじゅうさんつぎ）』五五枚の中には看板が描かれている絵が神奈川宿ほか全部で七枚あります。その中から、比較的読みやすい字で書かれていると思われる三枚を抽出しました。戸塚・鞠子・草津の三枚です。

問題1

問題1では、くずし字解読のハードルを下げ、また現代でもくずし字看板が残っていることを感じさせるために「生そば」「こんぶ」の二枚を使用しました。特に「生そば」は現代でも多く見られる書体ですので、生徒たちにもなじみが深いと思います。

問題2

問題2でいよいよ東海道五十三次に描かれている看板の解読学習になります。

①戸塚　正解は**「こめや」**ですが、**「こ」**は**「古」**のくずし字であり、**問題1**で読んでいるので、「め」「や」が難なく読めることを考えると、最初に読む字としては易しいと思います。

②草津　画像中央上部の看板に**「うばもちや」**と書いてあります。現在では「姥ヶ餅（うばがもち）」という名で名物になっているそうです。この看板の解読もやや難しいのでヒントを用意しました。「全部で五文字である」「二字目には濁点が付いている」「食品名が三・四字目に入っている」等です。この絵の場合、純粋にくずし字を解読させてもいいのですが、絵の部分も参考になります。店舗内の人々の様子を観察すると、餅をこねたり、食べたりしている

人が描かれています。これらの情報がくずし字解読の推理材料となります。浮世絵教材を使用することの面白さは、字だけでなくこのように絵の部分も参考になることです。国語の学習の意義からすれば「言葉」にこだわるべきなのですが、最近は非連続型テキストである画像や動画も教材とされています。そのような学びも味わってみましょう。

③鞠子 画像中央の店舗に立てかけてある看板**「名ぶつとろゝ汁」**を教材としました。この解読は漢字仮名交じりなので、ヒントがあった方が、楽しく取り組めると思います。例えば、「全部で七字書いてある」「一字目は漢字の『名』である」「二字目には濁点が付いている」「六字目は『繰り返し』を表す記号である『ゝ』である」「七字目は漢字である」等です。この段階からグループで協力し合って解読していきましょう。

なお、この「鞠子宿」絵には看板がさらに一つ、また障子紙と思われるところ二カ所にもくずし字が書かれています。画像向かって左側の看板は「御ちやつけ（お茶漬け）」、右側の障子紙には「酒さかな」「御茶漬」です。

これらは、三枚の浮世絵ワークが終わってしまった生徒へのチャレンジ教材になります。

さて、解読終了後は、このようなくずし字看板が現代にもあった場合の効果やイメージを考えてみましょう。ここまでの学習における、くずし字が江戸時代に存在していたことの実感に基づき、それが現代にあった場合の効果やイメージを出し合ってみましょう。

そして、最後には自分でくずし字看板がふさわしい商品や店舗を考えて、看板文字を制作してみましょう。

教材解説

このシリーズは、歌川広重（初代）が、江戸日本橋から京三条大橋にいたる「東海道五拾三次」の各宿駅に当てて描いた名所・風景・風俗絵の大錦横判五五枚揃いから成る。これ以前にも「東海道五十三次」は描かれたが、大判横という大きさで全五五枚完結したのは、このシリーズが最初である。（国立国会図書館デジタルコレクション解題より）底本のURLは次の通り。https://dl.ndl.go.jp/info:ndljp/pid/1307523?tocOpened=1（担当：永吉寛行）

初級

昔の謎かけを読んでみよう！①

問題1 Aの図を見て、空欄の字を埋めてみよう。

▲金の下駄ト

かけて

■①□□□□のへど*

●こゝろは*

②□□□事

な*い

A

*へど…一度食べて胃に入ったものを口から吐きもどすこと。また、その吐いたもの。

*ゝ…踊り字。前のひらがなを繰り返す符号。「こゝろ」で「こころ」と読む。

*な…もとの字は「奈」。

点

問題2　Bの図(ず)を見(み)て、空欄(くうらん)の字(じ)を埋(う)めてみよう。

▲秋(あき)の空(そら)ト
かけて
■のぞき
③[　][　]
こゝろは
●ぢきに
④[　][　][　]

B

*き…もとの字(じ)は「起」。
*ぢきに…じきに(直に)。時間(じかん)がたたないうちに。
*に…もとの字(じ)は「尓」。

年　組　番
名前

昔の謎かけを読んでみよう！②

点

問題3

Cの図を見て、空欄の字を埋めてみよう。

（注意：広いマスは漢字とふりがなです）

▲あつもり＊の  ト

かけて

■ちりし花

心は

● 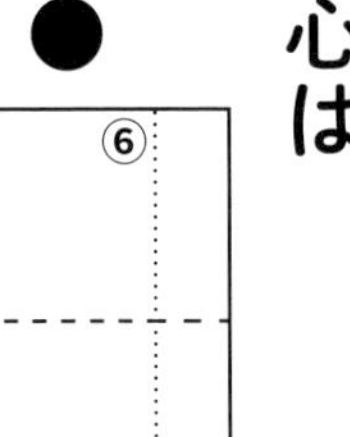 のこる

＊あつもり…平敦盛。『平家物語』で源氏の武将熊谷直実に討たれた話は有名。

問題4

Dの図を見て、空欄の字を埋めてみよう。
（注意：広いマスは漢字とふりがなです）

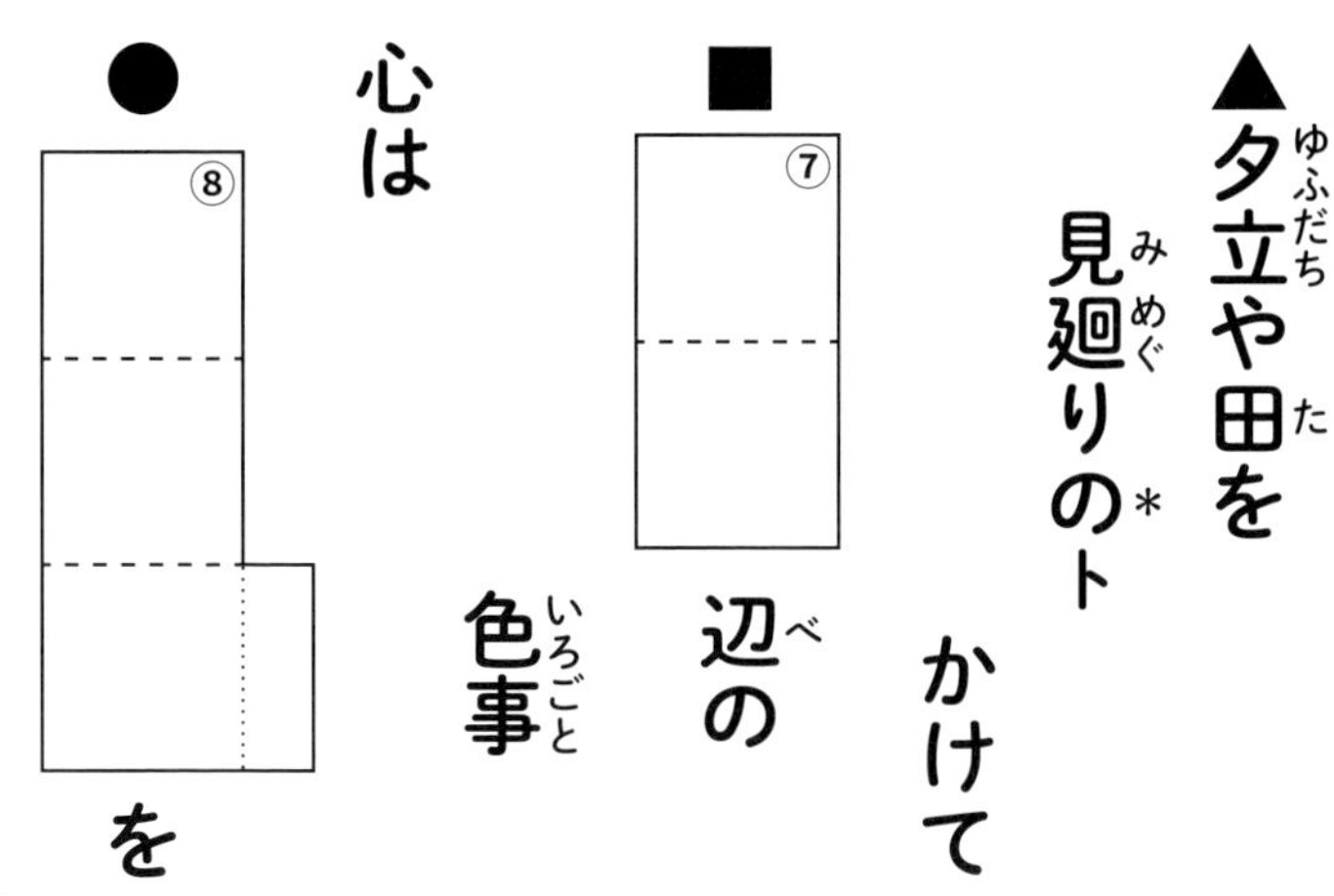

＊夕立や田を見廻りの…「夕立や田を見めぐりの神ならば」。宝井其角の句。其角が三囲神社に立ち寄り、発句を捧げたところ、雨が降り出したという伝説がある。

年　組　番
名前

解答

問題1：①「ゆうれい（由宇連以）」、②「はいた（者以多）」。
「▲金の下駄とかけて、■ゆうれいのへど、こころは、●はいた事ない」

問題2：③「からくり（可良久利）」、④「かわる（可王留）」。
「▲秋の空とかけて、■のぞきからくり、こころは、ぢきにかわる」

問題3：⑤「かたみ（可多三）」、⑥「青葉（あをば・安遠八）」。
「▲あつもりのかたみとかけて、■ちりし花、心は、●青葉のこる」

問題4：⑦「はま（者満）」、④「あま恋（こひ・己比）」。
「▲夕立（ゆふだち）や田（た）を見廻りのとかけて、■はま辺の色事、心は、●あま恋（こひ）をする」

教材について

ねらい：くずし字を学びながら、当時の社会・生活や古典のあり方、遊びを知る。

時間配分：トータル45分。授業時間：5分（くずし字の説明）問題を解く時間：20分（問題1・2）、20分（問題3・4）

対象教科：国語、社会、書写・書道

問題解説

今回扱った問題は昔の謎かけです。謎掛けは言葉遊びの一種、出典の本では、▲で謎を掛けて■で解き、●で両者の共通点を説きます。「〜とかけて〜ととく、その心は?」というフレーズは有名ですね。

問題1

問題1はまず、「金の下駄（きんのげた）」とかけます。金でできた下駄、ありえないですよね、現代だと金で靴を作るようなものです。では何と解くのか。ヒントになるのが絵です。三角巾を頭に付けていて、足がありません。そう、①は**「ゆうれい（幽霊）」**が正解です。**「う」**と**「い」**は普段使用しているひらがなと同じ形ですね。**「ゆ」**はもとになった漢字は現代の字と同じ**「由」**です。しかし、くずし字では最後の一画が雷（⚡）のように書かれる形が多いです。次に、**「れ」**は**「連」**という漢字がもとです（現代の字は「礼」がもとです）。通して読むと幽霊のへど（反吐）となります。では、金の下駄と幽霊の反吐の共通点は何でしょう。②の正解は**「はいた」**です。**「は」**は**「者」**がもとの字です。漢文で「者」を「は」と読ん

だりしますね。**「た」**のもとの字は**「多」**、「さ」の横線がない形と認識すると覚えやすいです。通して読むと「はいた事ない」となります。

金で作られた下駄を履くか、幽霊が食事をして食べたものを吐くか、「はかない」ですよね。つまり**問題1**は、金の下駄も幽霊の反吐も「履いた・吐いた」事がない、と同音異義語を共通点とするわけです。だとすれば、絵で幽霊が吐いたように見えるのは人魂でしょうか。当時の幽霊観が伺えて面白いですね。

問題2 **問題2**。まず「秋の空」とかけます。移ろいやすい秋の空を何と解くのか。③の初めの字はもとの字が**「可」**の**「か」**、直前の「かけて」と同じ形です。次の**「ら」**は現代と同じ**「良」**がもとの字ですが、一画目の点が省略されることが多いです。**「くり」**は現代と同じ字です。■を通して読むと**「のぞきからくり」**となります。覗きからくりは「箱の中に、物語の筋に応じた幾枚かの絵を入れておき、これを順次に転換させ、箱の前方の眼鏡を通して覗かせる」（『広辞苑』）見世物で、大変人気がありました。そしてこれも絵がヒントになります。覗きの箱は忠実に描かれており、箱の前にある穴から中の絵を覗く子どもや、傍に口上人（興行などで、題、役割、出演者などを紹介する人）がいる様子からも、覗きからくりと知れます。では秋の空との共通点は何でしょう。「ぢきに」は「じきに」です。昔は音が合えばよい面がありました。④の一字目は先に出てきた**「か（可）」**、次の字は**「王」**がもとの字の**「わ」**です。王はワンと読んだりしますね。**「る」**のもとの字は**「留」**、これも現代の字ともとは同じですが、一画目が省略、小さめに書かれることが多いです。通して読むと「直にかわる」となります。

つまり**問題2**は、天気がコロコロと変わりやすい秋の空（愛情が変わりやすいことを「男（女）心と秋の空」と言ったりしますね）と、中の絵をどんどんと転換させる見世物「覗きからくり」の共通点として、共に「直に変わる」という事象を説くわけですね。

問題3 **問題3**。「あつもりのかたみ」とかけます。あつもりとは平敦盛のこと。『平家物語』で戦の前夜に笛を吹いていた風流な若者の武士で、源氏の熊谷次郎直実に討たれたことで有名ですね。⑤の**「か」**は**可**、**「た」**は**多**、

「み」は**三**が字母です。**「かたみ」**は形見のこと、『平家物語』に直実が敦盛を討った後、笛を見つけるという場面が描かれるように、挿絵を見ても手に笛を持っています。つまり、形見とはこの笛を指します。そして、「ちりし花」、これは散った花という意味です。では何と解くのか、⑥は漢字で読みにくいかもしれません。そこでふりがなを見て推測します。ふりがなには**「あ（安）」**、**「を（遠）」**、**「ば（八に濁点）」**とあるので、「青葉」と想像でき、「青葉のこる」となるわけです。お花見の季節を終えて花が散った後、木はどうなっていますか、葉が青々として、青葉が残る様子が思い浮かびますね。では、この青葉と敦盛の笛はどう関わるのでしょうか。実は平敦盛の笛の名称が「青葉の笛」といわれています。『平家物語』の本文には出て来ませんが、例えば謡曲「敦盛」や江戸時代の歌舞伎『一谷嫩軍記』などでは、敦盛の笛の名前が「青葉」です。江戸時代の人々は、原作の『平家物語』からよりも演劇などからその伝承を知っていました。現代の感覚で言うと、NHKの大河ドラマで内容を知った、というような感じでしょうか。

つまり、敦盛の形見として「遺」ったのが「青葉の笛」で、花が散った後に「残」るのが「青葉」というわけです。一方は笛の名前、もう一方は実際の青々とした葉なわけですね。これは敦盛の笛の名前を知らなければ解けません。江戸時代の人々が演劇を通して、敦盛が遺した笛の名前に慣れ親しんでいたことがわかります。

問題4 問題4のかけることばは、少し難しいです。「夕立や田を見廻りの」とかける、これだけだとなかなか意味が通じませんよね。実はこの「夕立や」は注にもある通り、「夕立や田を見めぐりの神ならば」という宝井其角という俳人の句です。其角は芭蕉の門人で蕉門の筆頭と目された人物でした。この其角の句の一部が掛けられているわけです。そして何と解かれているのか、⑦は**「は（者）」**と**「ま（満）」**です。続けて読むと「はま辺の色事」となります。漢字で書くと「浜辺の色事」、挿絵にも浜辺で紙を持つ女性が描かれていますが、「色事」は男女間の恋愛の意味ですから、紙は恋文でしょう。では、其角の句と浜辺の女性の恋愛とがどう関わるのでしょうか。⑧は現代のひらがなと字母は同じです。漢字と共に連綿体で書かれているので読みにくいかもしれませんが、⑧は**「あま恋（こひ）」**です。続けて読むと「あま恋をする」となります。浜辺の女性といえば「海女（あま）」さんですね。二〇一三年にＮＨＫで『あまちゃん』が放映されましたが、海女さんは海に潜って貝や海藻を採ることを仕事とする女性ですね。「海女、恋をする」となるわけです。一方、其角の句がどう関わるかと言いますと、この句は『五元集』（延享四年（一七四七）刊）という俳諧集に収録され、日照り続きのある時、三囲神社で「請雨の祈願」が行われており、其角が句を詠むと雨が降ったと記されます。すなわち、この句は「雨乞い」の句であり、「海女が恋をする」と「雨乞いをする」とが掛かるということですね。

この問題も問題3と同様に、其角の句について知っていなければまず解けない謎でしょう。しかし、其角の句の一部を聞けば即座に「雨乞い」とわかる素地が、江戸時代の庶民に備わっていたと、この謎から確認することができます。其角の雨乞いの句と海辺の恋愛の共通点として、「あまこひ」ということばを選択するところに、江戸時代の人々の文学への身近さが感じられます。

なお、この謎かけは『新撰なぞづくし』という本にも見られます（「夕立や田を見めぐりの神ならば、とかけて、海べのいろごと、ととく。心は、あまごひをする」）。

『新撰なぞづくし』の一部
国文学研究資料館蔵
（DOI：10.20730/200012624）

教材解説

本書は『謎解説秘伝』（底本は三宅宏幸所蔵本）と題された近世後期から明治あたりに出版された本です。全二〇頁、一頁につき四つ、総計で全八〇の謎が掲載されます。当時の社会や生活の知識を題材としたものだけでなく、古典の知識を踏まえた謎かけも収められます。

（担当：三宅宏幸）

おわりに——未来を切り拓く古典教材へ

山田和人（同志社大学）

最後に、本書の母体となった研究会とその活動について、本書成立の過程について、紹介したいと思います。

活動について

古典教材開発研究センター・コテキリの会（古典教材の未来を切り拓く！研究会）は、教育の現場から古典教育・古典教材のあり方を問い直すことを目指しており、それぞれの教育現場に偏在する実践知をみなで共有することで、未来を切り拓く古典教育・古典教材の可能性を探っています。

活動は、二〇二〇年度に科研費基盤研究（C）「興味関心を喚起するくずし字や和本を用いた新しい古典教材の開発に関する実践的研究」（代表者　山田和人）をベースにスタートしました。二〇二〇年九月にコテキリの会を立ち上げ、二〇二一年一月に同志社大学古典教材開発研究センターを開設したあとは、春と秋の二回、研究集会と研究会を開催しています。

古典教育の現状について、小学校・中学校・高等学校・高等専門学校・大学など、校種を超えた意見交換の場を作り、それぞれが実践している、学習者の古典への興味や関心を喚起する教材開発や授業の方法について意見を交わしてきました。教員だけではなく、図書館司書や美術館・博物館学芸員による古典への興味を引き出す取り組みも紹介し、書写など教科を超えた担当者の報告も交えてきました。現代の古典教育に求められていることは何なのか。古典と現代をつなげて考えられるような教材や授業実践のあり方とは何なのか。この活動の成果をまとめたものが本書です。

本書成立にいたるまで

学習指導要領の改訂に対応しつつ、教科書のあり方の変化をも見据えた意見交換こそ必要であり、現代の古典教育の現状を離れてしまっては、議論は始まりません。議論の中で、現代の古典教育には、古典の魅力を伝えていくための新しい工夫が求められていることに気づきました。教科書の枠にとどまらない古典教材を開発し、それを共有したり、交換したりすることや、実際の教育現場で使用できる古典教材と、それを活用した授業実践を共有できる教育プラットフォームの構築などが求められています。

いま、古典教育への新しい切り口として、和本やくずし字を用いた新しい教材が注目されつつあります。そこで、新学習指導要領に記された「伝統的な言語文化」、「言葉の由来や変化」にも通じる、和本やくずし字を用いた古典教育をセンターでは実践していくことにしました。

和本は子どもたちにとっては未知との遭遇の場であり、何が始まるのかという期待感を抱かせます。読むことができるかどうかだけが問題ではなく、現代の書籍とは違う和本の質感や形態も含めた多様性にふれることで直観的に先人の知恵に気づきます。この存在感は圧倒的です。和本を使った出前授業などでは、子どもたちの様子がいきいきとして実に面白いものです。

和本やくずし字を用いた出前授業では、グループワークやワークショップを積極的に行っています。普段見たり、ふれたりできない古典籍のリアルさを実感しながら、グループでの解読と読解を多角的・多層的に展開させています。未知の世界を垣間見る体験とも言えるでしょう。そこでは、くずし字をメンバーと協働して解き明かしていく喜びがあります。まさに深い学習をもたらすことを実感できます。自分自身の修得した知識やスキルを活かして、くずし字の解読・読解に取り組むことで、学習者の主体性や協調性を育むことができるようになります。その意味で、和本やくずし字を用いた授業は、新学習指導要領でも推奨されている「主体的・対話的で深い学び」に通じるものがあり、アクティブ・ラーニングに最適の教材とも言えます。

しかしながら、和本やくずし字に関心のある授業者が取り組もうとしても、教材として使用できる和本がなければ、実践することができません。そこで、和本を教室で使用できる貸出システムがあれば、学習者が和本に直接ふれることができるようになり、古典との距離感を近づけることができるのではないかと考えました。そのために古典教材開発研究センターでは「和本バンク」として、和本の収集・整備・貸出システムの試験運用を始めました。和本バンクを活かすためには和本に関する基礎知識を要領よく学ぶことができる取扱説明書のような解説も必要でしょう。和本やくずし字についての知識をもっていない授業者にも試してもらえるように、本書にもその一端をまとめています。

また、近年、国文学研究資料館、国立国会図書館、早稲田大学、立命館大学ＡＲＣなどが古典籍のデジタル画像を積極的に公開しており、画像データの教育利用の可能性が飛躍的に拡がりました。その上、くずし字学習支援アプリＫｕＬＡやＡＩくずし字認識アプリ「みを」などが学習支援ツールとして後押ししてくれます。ＡＩ認識の精度が上がるほど、使える教材のカテゴリーやフィールドが拡がるとともに、古典の言語文化の裾野を拡げることにも貢献できるようになるでしょう。ＡＩ任せになってくずし字学習のスキルアップにならないのではないかと危惧する方もおられるかもしれませんが、むしろ、ＡＩを適切に使うことで、世界が拡がり、多様な価値観と出逢うことができる教育効果の方が大きいのではないでしょうか。ＡＩ技術は、グローバル社会における新しい言語文化の教育を切り拓く可能性があります。ＡＩ認識による解読は、学習者の読解の力を強化もしてくれるでしょう。それによって、学習者に生涯学び続ける勇気と希望を与えてくれる方がうれしいことです。

ただし、デジタル画像を活用して教材を作るのは、多忙をきわめる教育現場ではなかなか難しいというのが現実です。そこでセンターでは、授業者がくずし字教材に関心を持った際に、授業の流れに応じて比較的短い時間で学習できる教材、学習者の学習環境に応じて選択できる多様な教材を提供・共有できないか検討しはじめました。

日本語教育の分野ではこうした教材をモジュール教材と捉え、教科書のような学習のステップを重視するカリキュラムから独立した、柔軟な学習教材を開発しています。「通常の教科書が順序を無視して使うのが難しいのに対して、学習者のニーズが新たに生起したその時点においてそのニーズに合わせた形の活動を実施するような使い方を可能」(岡崎敏雄『日本語教育の教材』アルク、一九八九年)にする教材として流通しています。

くずし字や古典籍を使用した古典教材を、一〇分、二〇分、三〇分単位ぐらいの所要時間を意識して開発していくと、授業の中で自由に使用できる可能性が高くなります。四〇~五〇分授業を単位として教科書や指導書の多くは作成されていますが、何か新しい試みを通常授業に組み込む場合は、使用する局面に応じて最適のモジュール教材を選択することで、授業の流れを阻害しない、むしろ、その流れをドラマティックに演出できるかもしれません。そうした教材提供のあり方を考えることで、学校の授業で実際に利用できる教材となる可能性が出てくると考えました。国語教育にとどまらず、書写、美術、図工、理科、数学、体育などの教科においても、多様な古典に親しむことができる機会を提供できます。

また、こうしたモジュール教材を提供する「教材データバンク」から、授業者が自由にダウンロードして授業で使うことができるようになればと考えました。そのため本書はオープンアクセスにして、誰もが自由にダウンロードできるようにしています。生涯学習や海外の教育現場での利用も視野に入れています。古典の魅力を多面的、多層的に伝えられる「教材データバンク」が夢物語ではなく、実際に運用できる時代を迎えようとしています。授業者だけでなく、古典への興味や関心を持った学習者がアクセスして、古典への理解や鑑賞に取り組むといったような、学びの可能性を広げることにもなっていくかもしれません。そうなれば将来の日本文化の継承者を育成することにもつながっていくのではないでしょうか。

日本近世文学会の出前授業

「教材データバンク」において古典教材が共有され、利活用されるようになることで、古典教育の現場が活性化する可能性も拡がります。また、教育現場でこうした和本やくずし字を使った授業を現場の教員だけで実施しなければならないのかと言えば、そうではありません。授業時間外の学習において、学校外の授業者の支援を求めることも一つのやり方かと思います。

例えば、日本近世文学会では学会独自に「出前授業」を行っています（74頁参照）。古典籍の専門家が和本やくずし字のプリントを用意し、関連経費は学会が提供しています。「新学習指導要領」でも「社会に開かれた教育課程」の必要性が述べられており、社会との連携及び協働を目指す方向性が示されています。その意味でも、こうした出前授業を積極的に活用していくのも現場の負担軽減や、古典の深さを伝える一つの方法と考えてもいいのではないでしょうか。

古典は過去・現在・未来を自由に行き来できるタイムマシン

本来、古典や古典籍は過去・現在・未来をつなぐタイムカプセルであり、自由に往き来できるタイムマシンでもあると言えます。広い意味でわれわれの文化遺産であり、大げさに言えば人類の共有すべき（したくなる）世界遺産だと私は捉えています。そして、文化遺産を文化資源として活かしていくことで、従来の枠組みを超えた、新しい文化遺産を生み出す可能性が生まれていくのではないか。古典は、日本と海外、学校と地域、社会と教育、あるいは研究と教育をつなぐコミュニケーションツールでもあり、生涯を通して学び続ける喜びを生み出してくれる磁場のようなものでもあると考えています。

古典教材は使用されて初めて意味のある文化資源になっていくのです。

本書によって、専門性と汎用性を併せ持った、授業者や学習者の興味関心に共鳴する教育力を持った、過去・現在・未来をつなぐ古典の教材性を問い直すモデルを示すことができれば何よりと考えています。

それぞれの古典教育実践から浮かび上がる、現代に接続可能な古典の世界の多様な魅力や、和本やくずし字が本来持っている教育力＝教材性を掘り起こし提示していくことで、新しい古典教育への可能性を切り拓くきっかけにできればと考えています（これも面白いなと感じてもらえるような）。

最後に本書を手に取った読者が、自分もやってみたい、自分にもできそうだと実感して、授業実践に役立ててもらえるような、いわば読者に寄り添い続ける書籍となっていることを念願しています。

研究会もまだ続きます。興味のある方の参加もお待ちしております。

なお、本研究はＪＳＰＳ科研費２０Ｋ００３２６の助成を受けたものです。責任編集者の掲載順は、研究代表者の山田和人を最初にし、加藤直志・加藤弓枝・三宅宏幸については五十音順です。

くずし字一覧表

■は現在のひらがなの字母（じぼ）（元になった漢字）

かな	字母
あ	**安**、阿
い	**以**
う	**宇**
え	**衣**、江
お	**於**
か	**加**、閑、可
き	**幾**、支、起
く	**久**、具
け	**計**、希、介、遣、気（氣）
と	**止**、登
な	**奈**、那
に	**仁**、丹、尓（爾）、耳
ぬ	**奴**、怒
ね	**祢（禰）**、年
の	**乃**、能、農
は	**波**、八、盤、者
も	**毛**、裳
や	**也**、屋
ゆ	**由**、遊
よ	**与**
ら	**良**、羅
り	**利**、里、梨
る	**留**、類、流、累
れ	**礼（禮）**、連
ろ	**呂**、路

かな	字母
こ	己、古
さ	左、佐
し	之、志
す	寸、春、須、寿
せ	世、勢
そ	曽、楚、所
た	太、多、堂
ち	知
つ	川、徒、津
て	天、帝
ひ	比、飛、日、悲
ふ	不、布、婦
へ	部、遍
ほ	保、本
ま	末、万、満
み	美、見、三
む	武、無、舞
め	女、免
わ	和、王
ゐ	為、井
ゑ	恵、衛
を	遠、越、乎
ん	无

合字（ごうじ）

こと

踊り字（おどりじ）

ゝ　＊同一文字の繰り返し

〱　＊同一語句の繰り返し

現古絵合わせカルタ

- **現古絵合わせカルタ**は、同志社大学2021年度プロジェクト科目「教科書に載っていない古典の魅力を探るくずし字教材の開発と実践」（担当：山田和人）メンバーが発案・開発した、カード型の新しい**くずし字学習教材**です。
- 書写や国語の授業の**補助教材**として学校現場で使用できるのはもちろん、**ゲーム感覚**で、いつでも誰でも気軽に学習ができます。
- くずし字や古典の世界に馴染みがなくても大丈夫！使い方は**簡単**です。さあ、新しい言語に触れるような気持ちで、一緒に始めてみませんか

対象年齢：小学校高学年〜
人数　　：6人程度（1人でも学習できるが、グループ学習を推奨）
到達目標：くずし字や古典の世界に興味を持てるようになること。「多くの字を読めるようになる」ことではなく、「昔の文字に親しむ」ことを重視する。
セット内容（学習者の人数に合わせてコピーすること）：
・イラストカード10枚　　・文字カード10枚
・フェイクカード（文字のみ）6枚　　くずし字一覧表（本書付録）

イラスト＆文字カードと解答

かっぱ
可川盤

すし
春志

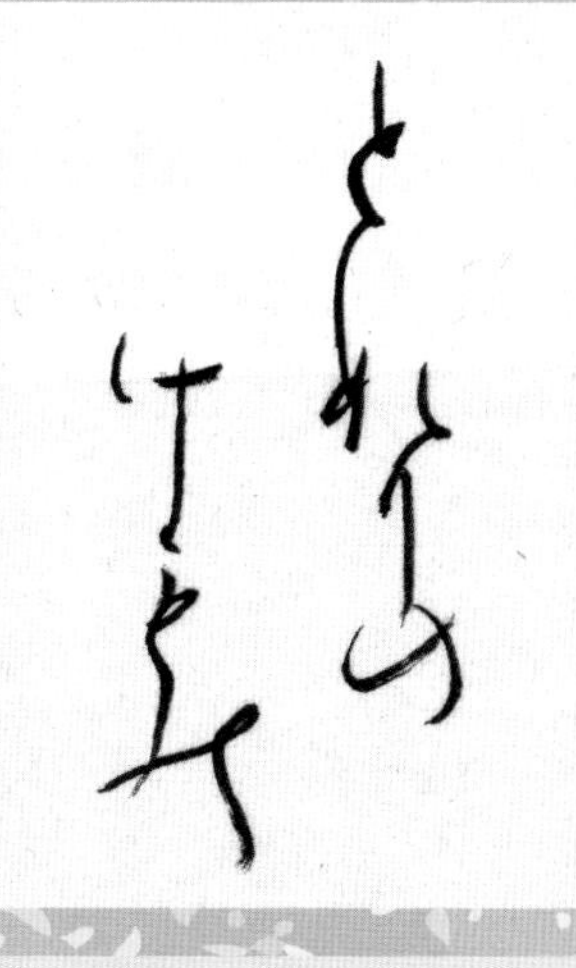

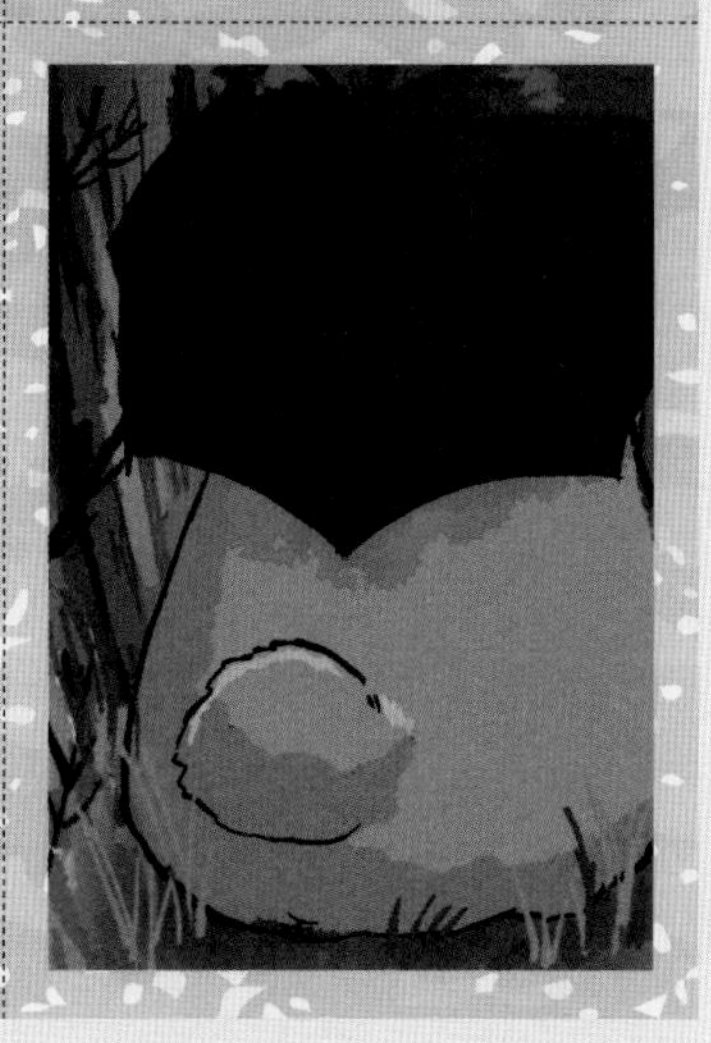

となりのけもの
止那利乃計毛能

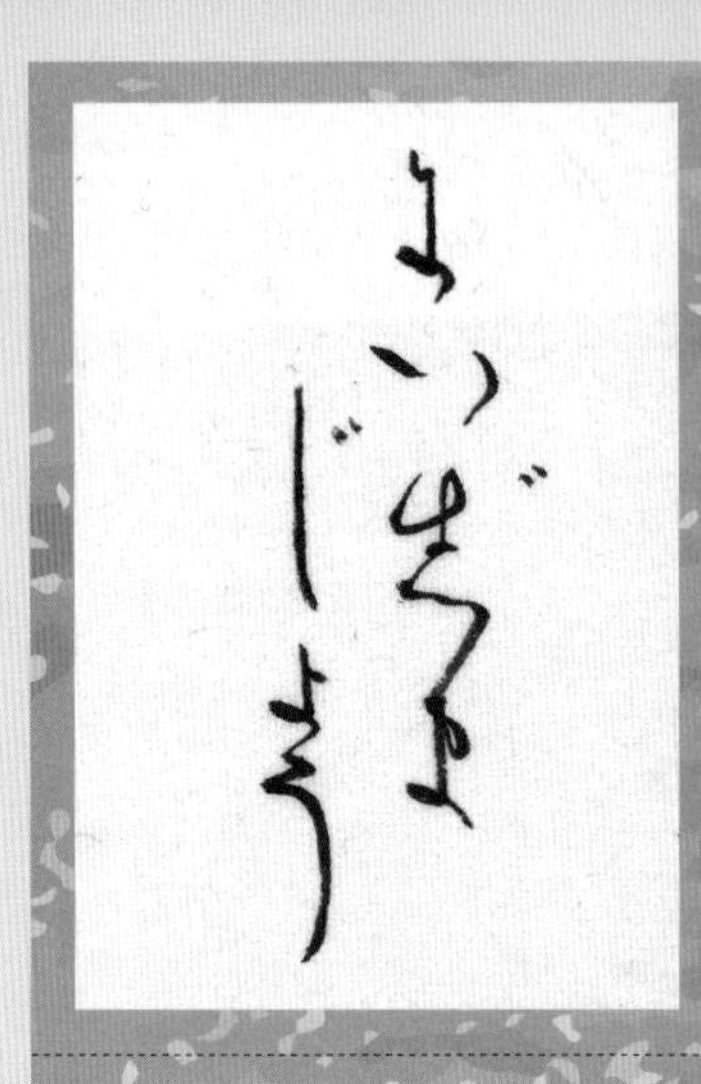

にいじまじょう
尓以志末之与宇

ねこ
祢古

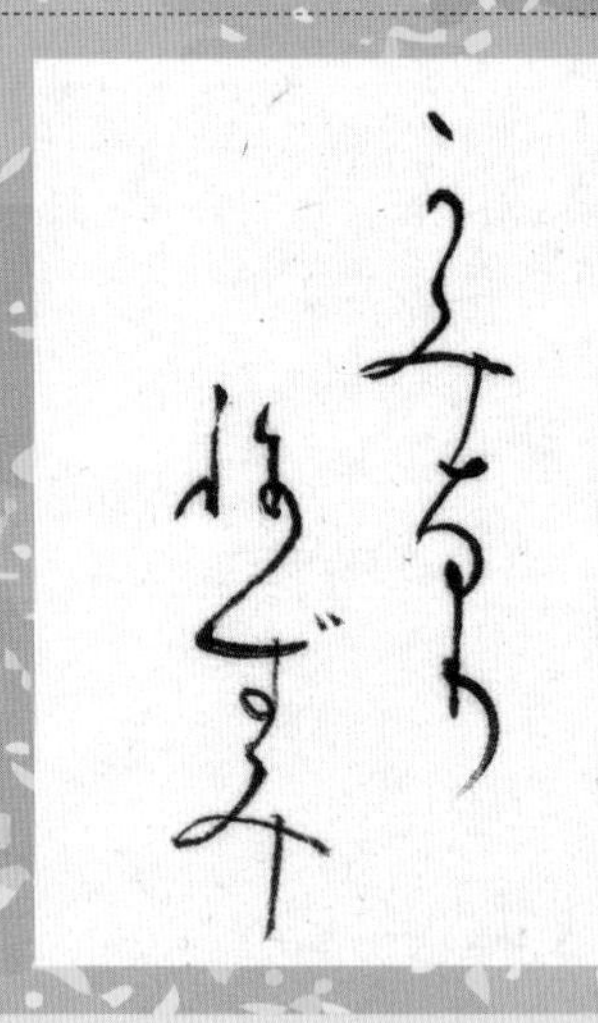

かみなりねずみ
可美奈利祢寸美

めいたんてい
免以堂无天以

ろくろくび
呂久路久飛

てんぐ
天无具

フェイクカードと解説

はこ（箱）

波古

⇒「ねこ」と混同しやすい。「は（波）」の形は、現在使われている「ね（祢）」とよく似ている。2文字目が同じ「こ（古）」であることに気づいてほしい。

うりば（売り場）

宇利盤

⇒「かっぱ」と混同しやすい。現在使われている「う（宇）」の形は、「か（可）」によく似ている。3文字目が同じ「は（盤）」であることに気づいてほしい。

さんご（珊瑚）

左无己

⇒「てんぐ」と混同しやすい。「さ」が「て」に少し似ているが、現在のひらがなの通りで比較的読みやすい。2文字目「ん（无）」が同じであることに気づいてほしい。

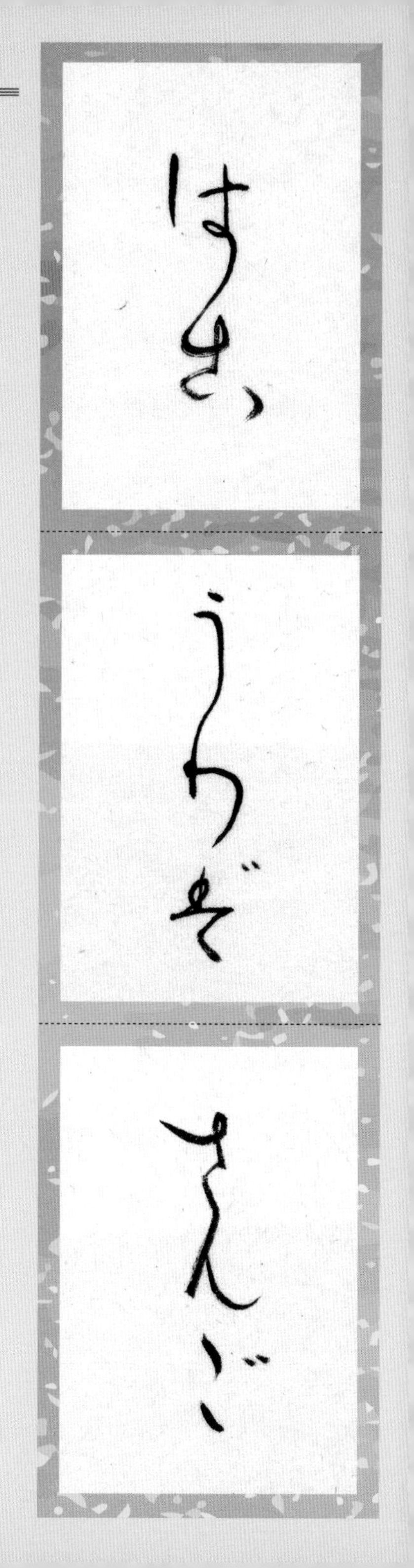

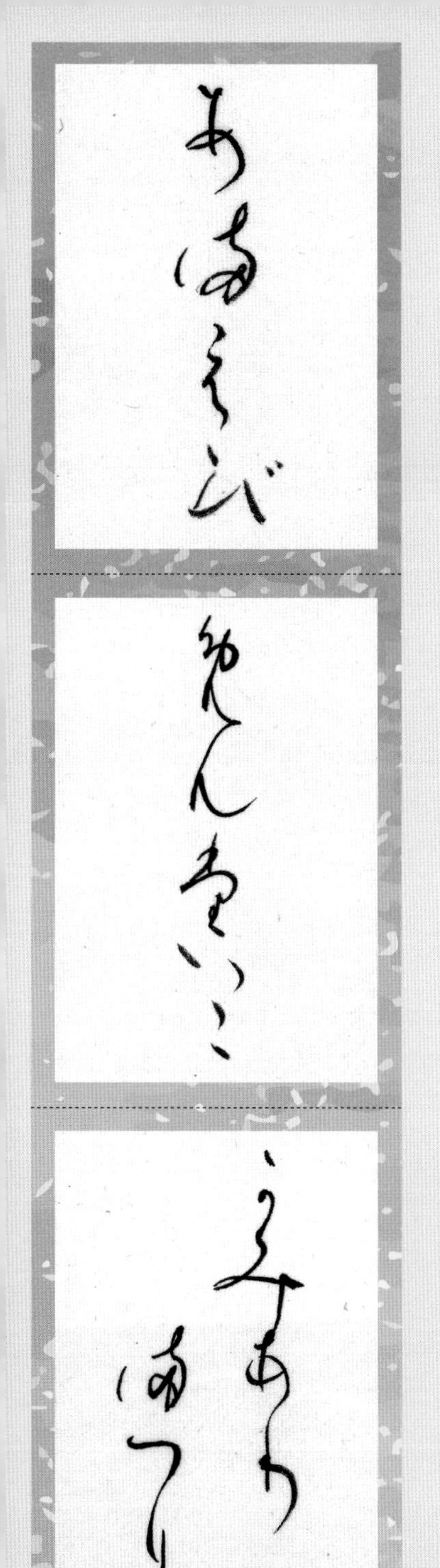

あまえび

安満衣比

⇒「あまびえ」と混同しやすい。文字を入れ替えているだけだが、よく似ている。比較的読みやすい単語であるため、一見難しそうな「ま（満）」に注目し、ぜひ覚えてもらいたい。

めんたいこ

免无堂以己

⇒「めいたんてい」と混同しやすい。
1文字目「め（免）」、3文字目「た（堂）」が同じであることに気づいてほしい。

かみありまつり（神在祭）

可美安利満川利

⇒「かみなりねずみ」と混同しやすい。「かっぱ」「あまびえ」など他のカードでも登場している、頻出文字の「か（可）」「ま（満）」をぜひ覚えてもらいたい。

遊び方の例

（小学6年生、30人クラスで授業の一環として行う場合を想定）

①学習者を5人前後のグループに分け、くずし字一覧表を配布する。

②グループごとに、フェイクカード5枚と、正しい組み合わせとなる10ペア（文字10枚・イラスト10枚）のカードを配布する。

③学習者は、表面を上にして、机の上にすべてのカードをランダムに並べる。

④開始の合図とともに、学習者は、くずし字一覧表を見ながら、イラストに合う文字カードを探してペアを作っていく。

⑤ 10～15分程度、様子を見て、ペアを作り終えるグループが増えてきたら、答え合わせをする。「机の上にどのカードが残ったか（フェイクカードは何だったか）」を皆で確認する。

⑥学習者に対して、「なぜその単語だと考えたのか」「この2枚のカードは、どの部分が一緒でどの部分が違うのか」「この字の字母は何か」などの問いかけをする。

教材の特長

・グループ学習にすることで、学習者同士が話し合い、教え合う環境が生まれるため、**アクティブラーニング**が促される。

・**イラストカード**があることで、くずし字に馴染みのない初心者でも、気軽に取り組みやすい。

・**フェイクカード**があることで、イラストや文字数から「なんとなく」でペアを作ることを防ぐ。

・文字カードには、**同じ字**が繰り返し使われている。このため、「さっきと同じ字だ」という発見や「分かった!」という達成感が生まれやすく、学習意欲の維持が期待できる。また、頻出のくずし字を覚えることができる。

・ペアの数やフェイクカードの**枚数を増減**させることで、学習者のレベルに合わせて**難易度を調整**できる。

・くずし字やイラストを学習者自身が**書いて**オリジナルカードを作るという使い方もでき、創造活動・表現活動にも繋がるものとなっている。

参考文献一覧

第Ⅰ部 入門編

STEP1 古典への誘い方

●本当に必要なのかと言わせない古典（仲島ひとみ）

» 勝又基編『古典は本当に必要なのか、否定論者と議論して本気で考えてみた』（文学通信、二〇一九年）

» 長谷川凜・丹野健・内田花・田川美桜・中村海人・神山結衣・小林未來・牧野かれん・仲島ひとみ編『高校に古典は本当に必要なのか高校生が高校生のために考えたシンポジウムのまとめ』（文学通信、二〇二一年）

» Deci, E. L., & Ryan, R. M. (2008). Self-determination theory: A macrotheory of human motivation, development, and health. *Canadian Psychology/Psychologie canadienne*, 49(3), 182–185.

●イメージで現代とつなぐ古典（江口啓子）

» 林晃平『浦島伝説の研究』（おうふう、二〇〇一年）、『浦島伝説の展開』（おうふう、二〇一八年）

» 勝俣隆「御伽草子『酒呑童子』の一挿絵と本文について—酒呑童子登場の場面の変遷をめぐって—」（『愛文』27、一九九二年一月）、「御伽草子『酒呑童子』の一場面における二系統成立に関する考察」（『静大国文』36、一九九二年四月）

STEP2 和本への誘い方

●和本のポテンシャル——教材としての古典籍利用の可能性（佐々木孝浩）

» 藤井隆『日本古典書誌学総説』（和泉書院、一九九一年）

» 中野三敏『書誌学談義 江戸の板本』（岩波書店、一九九五年）

» 井上宗雄他『日本古典籍書誌学辞典』（岩波書店、一九九九年）

» 川瀬一馬・岡崎久司『書誌学入門』（雄松堂出版、二〇〇一年）

» 山本信吉『古典籍が語る—書物の文化史』（八木書店、二〇〇四年）

» 櫛笥節男『宮内庁書陵部 書庫渉猟—書写と装訂』（おうふう、二〇〇六年）

» 堀川貴司『書誌学入門 古典籍を見る・知る・読む』（勉誠出版、二〇一〇年）

» 中野三敏『和本のすすめ—江戸を読み解くために』（岩波新書、二〇一一年）

» 大沼晴暉『図書大概』（汲古書院、二〇一二年）

» 佐々木孝浩『日本古典書誌学論』（笠間書院、二〇一六年）

» 藤本幸夫編『書物・印刷・本屋 日中韓をめぐる本の文化史』（勉誠出版、二〇二一年）

第Ⅱ部 教材編

» 加藤直志・加藤弓枝・三宅宏幸「くずし字による古典教育の試み—日本近世文学会による出前授業—」（『名古屋大学教育学部附属中・高等学校紀要』61、二〇一六年一二月）

» 加藤直志・加藤弓枝・三宅宏幸「くずし字による古典教育の試み（2）—江戸時代の「さるかに合戦」を読む—」（『名古屋大学教育学部附属中・高等学校紀要』62、二〇一八年三月）

» 加藤直志・加藤弓枝・三宅宏幸「くずし字による古典教育の試み（4）—教科書教材としての『百人一首』から『教歌道化百人一首』へ—」（『名古屋大学教育学部附属中・高等学校紀要』64、二〇一九年一二月）

» 加藤直志・加藤弓枝・三宅宏幸「くずし字による古典教育の試み（5）—江戸時代の「桃太郎」を読む・補遺—」（『名古屋大学教育学部附属中・高等学校紀要』65、二〇二一年一月）

» 加藤直志・加藤弓枝・三宅宏幸「くずし字による古典教育の試み（6）—オンライン授業で学ぶ・『伊勢物語』から『仁勢物語』へ—」（『名古屋大学教育学部附属中・高等学校紀要』66、二〇二二年一月）

執筆者プロフィール（掲載順）

仲島ひとみ（なかじま・ひとみ）
国際基督教大学高等学校教諭（日本語学（文法））
【著書・論文】『国語をめぐる冒険』（共著、岩波ジュニア新書、二〇二一年）、『詳説古典文法』（共著、筑摩書房、二〇二二年）、鈴木ひとみ「副助詞サエ（サヘ）の用法とその変遷―ダニとの関連において」（『日本語学論集』1、二〇〇五年）

有田祐輔（ありた・ゆうすけ）
大阪府立茨木高等学校教諭

森木三穂（もりき・みほ）
独立行政法人国立高等専門学校鶴岡工業高等専門学校創造工学科基盤教育グループ助教（中古文学、国語教育）
【著書・論文】「ユーザーエクスペリエンスを意識した表現の力―おすすめ本のPOP・帯制作を通して」（『日本高専学会誌』25―4、二〇二〇年一〇月）、「文理融合型の国語教育―「ものづくり」を活用した古典教育の方法」（『日本高専学会誌』25―2、二〇二〇年七月）

江口啓子（えぐち・けいこ）
豊田工業高等専門学校一般学科講師（中世の絵入り物語（お伽草子））
【著書・論文】「『小敦盛』の主題の変遷―高僧の物語から女人往生の物語へ」（『伝承文学研究』71、二〇二二年八月）、「男装と変成男子―『新蔵人』絵巻に見る女人成仏の思想」（『中世文学』65、二〇二〇年六月）、『室町時代の女装少年×姫『ちごいま』物語絵巻の世界』（共著、笠間書院、二〇一九年）

佐々木孝浩（ささき・たかひろ）
慶應義塾大学附属研究所斯道文庫教授（日本古典書誌学）
【著書・論文】『芳賀矢一「国文学」の誕生』（岩波書店、二〇二一年）、『日本古典書誌学論』（笠間書院、二〇一六年）、『日本の書と紙―古筆手鑑『かたばみ帖』の世界』（共著、三弥井書店、二〇一二年）

近江弥穂子（おうみ・みほこ）
横浜市立あざみ野第一小学校学校司書

加藤弓枝（かとう・ゆみえ）
↓編者。奥付参照

加藤直志（かとう・ただし）
↓編者。奥付参照

飯倉洋一（いいくら・よういち）
大阪大学名誉教授（日本近世文学）
【著書・論文】『前期読本怪談集』（校訂代表、国書刊行会、二〇一七年）、『上田秋成　絆としての文芸』（大阪大学出版会、二〇一二年）『秋成考』（翰林書房、二〇〇五年）

加藤十握（かとう・とつか）
私立武蔵高等学校中学校教諭（近世文学）
【著書・論文】「古典を読む営為について」（『読まなければなにもはじまらない―いまから古典を〈読む〉ために』文学通信、二〇二一年）、『上田秋成研究事典』（共著、笠間書院、二〇一六年）

三宅宏幸（みやけ・ひろゆき）
↓編者。奥付参照

山田和人（やまだ・かずひと）
↓編者。奥付参照

永田郁子（ながた・いくこ）

滋賀大学教育学部附属中学校教諭（国語科教育、カリキュラム・マネジメント）

［著書・論文］「『社会に開かれた教育課程』における国語科の単元構成のあり方―2年『郷土を愛する達人のことば』インタビュー記事作成をとおして」（『滋賀大学教育学部附属中学校　研究紀要』62、二〇二〇年）、「滋賀大附属中版『をかし』『あはれなり』歳時記―古典随筆作品の『ものの見方・考え方』をもとに生徒の『判断』をゆさぶる学習指導の研究」（『滋賀大学教育学部附属中学校研究紀要』63、二〇二一年）、「個の学び・協働の学びの中での『問い』を立てる力の育成―総合的な学習の時間『BIWAKO TIME』における生徒の『問い』の変遷から見えてくるもの」（『滋賀大学教育学部附属中学校研究紀要』63、二〇二一年）

岩崎彩香（いわさき・あやか）

青森県立八戸北高等学校教諭（近世文学、学校管理職研究）

高須奈都子（たかす・なつこ）

大阪商業大学非常勤講師（服飾史〈近代日本〉）

［著書・論文］「『正徳ひな形』にみる身分階層による小袖の特徴―西川祐信の眼を通して」（石上阿希・加茂瑞穂編『西川祐信『正徳ひな形』―影印・注釈・研究』臨川書店、二〇二二年）、「「帯揚」「帯枕」の発生と呼称の定着に関する一考察」（『服飾学研究』3―1、二〇二一年三月）

永吉寛行（ながよし・ひろゆき）

宮崎大学准教授（国語教育学、和歌文学）

［著書・論文］「中学校国語「比較読み」指導と古典教材開発の連関性―読解力向上の視点から」（『月刊国語教育研究』593、二〇二一年九月）、「メタ認知を行う生徒を育てる国語科学習指導法―『徒然草』「仁和寺にある法師」の授業を通して」（『宮崎大学教育学部附属教育協働開発センター研究紀要』28、二〇二〇年三月）、「高等学校における古典和歌学習について―新科目「言語文化」を視野に入れた試み」（『語文』165、二〇一九年一二月）

○くずし字一覧表（字例の墨書）

松本文子（まつもと・あやこ）

愛知県立名古屋西高等学校非常勤講師（書道）

［著書・論文］『神龍半印本で学ぶ　手本蘭亭序』（編者、教育図書、一九九八年）

○現古絵合わせカルタ

谷口悠・上久保咲穂・三田村幸菜・遠藤杏・若井花楠子・西川実那・稲田香保

（二〇二一年度同志社大学プロジェクト科目履修生）

イラスト：遠藤杏

書写初案：若井花楠子

○現古絵合わせカルタ（書写）

日比野由佳（ひびの・ゆか）

同志社大学大学院文学研究科博士前期課程

編者

同志社大学古典教材開発研究センター

本研究センターは、古典に備わっている豊かな教材性を追求し、全国の古典文学・国語学・国語科教育の専門家や書誌学・文献学の専門家とも協力することで、子どもたちの古典への興味関心を喚起できるくずし字や和本を用いた新しい古典教材の開発と実践を目的として活動しています。
HP：https://kotekiri20.wixsite.com/cdemcjl　Twitter：@ kotekirinokai

山田和人（やまだ・かずひと）

同志社大学教授（日本近世文学）

［**著書・論文**］『洛東遺芳館所蔵　古浄瑠璃の研究と資料』（和泉書院、2000年）、『竹田からくりの研究』（おうふう、2017年）、「初学者のためのくずし字教材の可能性と課題」（『同志社国文学』95、2021年12月）

加藤直志（かとう・ただし）

名古屋大学教育学部附属中・高等学校教諭（国語教育、中古文学）

［**著書・論文**］「『伊勢物語』第六十九段「狩りの使ひ」の授業実践―「古典探究」を見据えた試み」（『日本文学』71―11、2022年11月）、「くずし字による古典教育の試み・中古文学編―研究と教育という〈両極〉」（『古代文学研究　第二次』30、2021年10月）、『「書くこと」の授業をつくる』（共著、ひつじ書房、2021年）

加藤弓枝（かとう・ゆみえ）

名古屋市立大学大学院准教授（日本近世文学・日本古典書誌学）

［**著書・論文**］「絵入百人一首の出版―女子用往来物を中心に」（『百人一首の現在』青簡舎、2022年）、「正保版『二十一代集』の変遷―様式にみる書物の身分」（『雅俗』19、2020年7月）

三宅宏幸（みやけ・ひろゆき）

愛知県立大学准教授（日本近世文学）

［**著書・論文**］『馬琴研究―読本の生成と周縁』（汲古書院、2022年）、『城郭の怪異』（共著、三弥井書店、2021年）、「寛政期読本『怪談雨之燈』の研究と翻刻」（『愛知県立大学説林』69、2021年3月）

未来を切り拓く古典教材

和本・くずし字でこんな授業ができる

2023（令和5）年3月26日　第1版第1刷発行

ISBN978-4-86766-003-4　C0095

発行所　株式会社 **文学通信**

〒114-0001　東京都北区東十条1-18-1 東十条ビル1-101
電話 03-5939-9027　Fax 03-5939-9094
メール info@bungaku-report.com ウェブ https://bungaku-report.com

発行人　岡田圭介

印刷・製本　モリモト印刷

ご意見・ご感想はこちらからも送れます。上記のQRコードを読み取ってください。